neue frau
herausgegeben von
Angela Praesent und
Gisela Krahl

Bianca Lamblin

MEMOIREN EINES GETÄUSCHTEN MÄDCHENS

Deutsch von
Gerhard Döhler

rororo

Rowohlt

Die Originalausgabe erschien 1993 unter dem Titel
«Mémoires d'une jeune fille dérangée» bei Éditions Balland, Paris.
Umschlaggestaltung Nina Rothfos; Foto Jean-Paul Sartre:
Bibliothèque National (Éditions du Seuil), Paris;
Foto Simone de Beauvoir: Radio Times, London

Deutsche Erstausgabe

Veröffentlicht im Rowohlt Taschenbuch Verlag GmbH
Reinbek bei Hamburg, Oktober 1994

Satz: Garamond Monotype Lasercomp, LibroSatz, Kriftel
Druck und Bindung: Clausen & Bosse, Leck
Printed in Germany
1290-ISBN 3 499 13521 3

Für Marianne und Sylvia

Die Autorin als junges Mädchen
vor ihrer Heirat
mit Bernhard Lamblin.

Bianca Lamblin heute.

Nach langem Zögern habe ich mich entschlossen, erstmals von einem dramatischen Geschehen in meinem Leben zu berichten. In Wahrheit zwingen mich die Ereignisse, diesen Bericht zu schreiben, welchen Widerwillen ich auch dagegen hegen mag. Wenn meine Geschichte nicht alltäglich ist, liegt das ohne Zweifel an den Persönlichkeiten von zwei ihrer Protagonisten: Simone de Beauvoir und Jean-Paul Sartre. Zusammen bildeten wir ein Trio – so zumindest wurden mir die Dinge dargestellt.

Heute, nach diesem Sommer 1990, werde ich also versuchen, von dieser schillernden Episode, so wie ich sie erlebt habe, als Zeitzeuge zu berichten und damit aufhören, mich hinter einem Pseudonym zu verstecken; ich werde mich meinen Zeitgenossen endlich zu erkennen geben. Mir ist sehr wohl bewußt, daß manche dieses Zeugnis vielleicht mit Spott bedenken werden: so angesehenen Gestalten entgegenzutreten, wird jenen, die ihre Bewunderer geblieben sind, anmaßend erscheinen. Ich nehme das Risiko auf mich. Die Art und Weise, wie mich Simone de Beauvoir, danach Sartre, 1940 behandelt haben, die Demütigung und die Leiden, die sie mir zugefügt haben, wogen so schwer, daß die schlichte Wahrheit, die ich darlegen will, hoffentlich viel klarer, weit richtiger klingen wird als die Lügen, die man in der Buchausgabe der *Briefe an Sartre* findet.

Mein Schmerz von 1940 erwachte fünfzig Jahre später, bei der Lektüre dieser *Briefe* und des *Kriegstagebuchs*, das zur selben Zeit veröffentlicht wurde. Endlich wurde mir der Sinn dessen klar, was ich damals durchlebt habe, fast ohne es zu verstehen.

Unzählige Male habe ich versucht, dieses Abenteuer niederzuschreiben. Umsonst. Immer war ich gehemmt, blockiert von einem machtvollen, unbekannten Hindernis. Was mir passiert war, konnte ich keinem erzählen; ich wahrte das Geheimnis gegenüber allen, mit Ausnahme meines Mannes und – später, als sie erwachsen waren – meiner Töchter. Sicher haben auch einige wenige Freunde oder Kameraden von der Sorbonne vermutet, daß ich Beziehungen zu Simone de Beauvoir und Sartre hatte, aber sie sind nicht sehr zahlreich.

Zu Beginn des Jahres 1990 erschienen bei Gallimard die *Briefe an Sartre* und das *Kriegstagebuch*, das Simone de Beauvoir von 1939 bis 1941 geführt hat. Sylvie Le Bon* hielt es für notwendig, diese Texte, die vornehmlich persönlichen Charakters sind, aber viele Leute betreffen, und ganz besonders jenen Zeitabschnitt, in dem mein Leben durch die Begegnung mit Simone de Beauvoir vollständig erschüttert wurde, der Öffentlichkeit zugänglich zu machen. Sylvie Le Bon hat schlicht vermieden, meinen Namen zu nennen, und ihn durch das Pseudonym «Louise Védrine»** ersetzt. Tatsächlich hatte ich ihr einige Zeit zuvor, nachdem ich in einer Notiz in *Le Monde* gelesen hatte, Sylvie Le Bon beabsichtige, eine gewisse Anzahl

* Sylvie Le Bon ist die Adoptivtochter von Simone de Beauvoir. Sie verfügt über die Rechte zur Veröffentlichung der Texte von Simone de Beauvoir. Sie hat also die *Lettres à Sartre* und *Journal de guerre* (Gallimard) publizieren lassen, ohne Zweifel gemäß Simone de Beauvoirs Wünschen.
** Louise Védrine ist das Pseudonym, mit dem mich Simone de Beauvoir in *Briefe an Simone de Beauvoir und andere*, Reinbek 1984 von Jean-Paul Sartre bedacht hatte. Ich werde später die Einzelheiten dieser Angelegenheit darstellen.

von Briefen Simone de Beauvoirs der Nationalbibliothek zu schenken, geschrieben, um sie an das ausdrückliche Versprechen von Simone de Beauvoir zu erinnern, meinen Namen in ihren Briefen oder Memoiren niemals zu erwähnen. Als ich ihr schrieb, wußte ich nicht, daß sie eine Ausgabe der *Briefe an Sartre* vorbereitete.

Obwohl mich der Inhalt dieser *Briefe* und des *Tagebuchs* so stark betrifft, erkläre ich hier einleitend, daß mich kein Rachebedürfnis zu meinem Bericht bewegt, sondern schlicht der Wille, die Wahrheit zu sagen.

Die Veröffentlichung dieser Texte gab Anlaß zu zahlreichen Artikeln, lobend die einen, angewidert die anderen. Ein paar davon habe ich gelesen, von denen in *Le Monde* und *Libération* bis zu demjenigen in *Elle*. Freunde hatte mir von ihrem Inhalt erzählt, um mich zu warnen, um mich davon abzuhalten, sie zu lesen. Aber ich habe nicht die Angewohnheit, eine Gefahr zu fliehen, ich stelle mich ihr, selbst wenn die Erfahrung schmerzhaft sein sollte. Nachdem ich die drei Bände gekauft hatte, brauchte ich allerdings noch drei Wochen, bis ich es wagte, sie aufzuschlagen. Ich war zwischen zwei sich widersprechenden Empfindungen hin- und hergerissen: ich wollte wissen, was Simone de Beauvoir an Sartre über mich geschrieben hatte, und gleichzeitig fürchtete ich mich davor. Ich muß sagen, daß mir bestimmte, in der Presse zitierte Auszüge Gänsehaut machten.

Um die Schwere der Krise, in der ich mich befand, verständlich zu machen, muß ich betonen, daß es sich nicht nur um Ereignisse aus meiner Jugend handelte, die längst überwunden sind, sondern daß Simone de Beauvoir für mich eine Freundin geblieben war. Während ihres ganzen Lebens haben wir uns weiterhin regelmäßig getroffen. Ich vertraute ihr absolut, glaubte an ihre Fähigkeit, alles zu verstehen, und betrachtete sie als von Grund auf redlich; ich hielt ihre Freundschaft zu mir für aufrichtig, wenngleich die emotionale

Beziehung eine ganz andere als jene war, die uns in meiner Jugend verbunden hatte. Dieses Bild, das ich in mir trug, hat sie nicht etwa zerstört, sondern, ganz im Gegenteil, vor jeder Befleckung bewahrt. Heute, nachdem ich die *Briefe* und das *Kriegstagebuch* gelesen habe, vermag ich mir nicht zu erklären, wie ich mich so täuschen konnte. Gewiß fällt es mir immer schwer, mir die Doppelzüngigkeit anderer vorzustellen, aber meine Arglosigkeit ist auch nicht grenzenlos. In diesem Fall ist es, als wäre das idealisierte Bild, das ich mir in meiner Jugend von meiner Professorin gemacht hatte, mein ganzes Leben über intakt geblieben und hätte die Rolle eines Schirms gespielt, der ihre wahren Gefühle vor mir verbarg. Da mir Simone de Beauvoir in jenen lang vergangenen Zeiten nur sehr wenig über sich selbst und ihre Nächsten erzählte und sich mit einem «Darüber gibt es nichts Interessantes zu sagen» entzog oder glatt log; und da sie sorgsam vermied, mich in Kontakt zu ihren Freunden zu bringen und mich in ihre Welt eindringen zu lassen, hatte ich nicht viele Anhaltspunkte.

Heute begreife ich, daß ich das Opfer der donjuanesken Neigungen Sartres und der ambivalenten, undurchsichtigen Protektion wurde, die Castor diesen gewährte. Ich war in eine Welt komplexer Beziehungen eingetreten, die erbärmliche Verwicklungen, jämmerliche Berechnungen, permanente Lügen nach sich zogen, in denen sich nicht zu verheddern, beide aufmerksam bemüht waren. Ich habe entdeckt, daß Simone de Beauvoir in ihren Klassen junger Mädchen nach «Frischfleisch» Ausschau hielt und davon kostete, bevor sie es Sartre andrehte oder, um es noch gröber zu sagen, ihm zutrieb. Dies jedenfalls ist das Schema, nach dem man sowohl die Geschichte von Olga Kosakievicz* wie auch meine verstehen kann. Das

* Olga Kosakievicz, frühere Schülerin von Simone de Beauvoir, bildete mit ihr und Sartre das erste «Trio» in Rouen. Dieses junge Mädchen

Verdorbene daran blieb sorgfältig hinter dem gutmütigen Äußeren von Sartre und der seriösen, nüchternen Wirkung von Castor versteckt. In Wirklichkeit wiederholten sie auf vulgärer Ebene das literarische Modell der *Gefährlichen Liebschaften*.

Was mich betraf, so war ich felsenfest davon überzeugt, daß ihre Beziehung unzerstörbar sei. Diese Überzeugung beruhte sicherlich auf der Art, in der mir Simone de Beauvoir die Gefühle und das Engagement beider dargestellt hatte, aber auch auf meiner Vorstellung von Liebe und Treue. Zur Zeit des «Trios» (also im Jahre 1939) war ich überzeugt, daß beide mich aufrichtig liebten. Die Tatsache, daß meine Beziehungen zu jedem von ihnen auf der unerschütterlichen Basis ihrer gegenseitigen Liebe beruhte, machte mich nicht eifersüchtig, sondern gab mir, ganz im Gegenteil, das Gefühl einer großen Sicherheit. Ich hatte den Eindruck, mit ihnen unwiderruflich ein Dreieck begründet zu haben. Bevor ich Sartre kennenlernte, existierte zwischen Simone de Beauvoir und mir nur eine leidenschaftliche Freundschaft. Sobald er auf dem Feld der Gefühle erschien, wurde alles viel schwieriger und komplizierter.

Die Welt, in der sie sich bewegten, war übrigens sehr weit von meiner entfernt. Sie glich in nichts derjenigen, die ich bis dahin gekannt hatte. Da ich nichts über die Ziele wußte, die sie verfolgten, war ich ihren Launen ausgeliefert. Ich meinerseits war von dieser doppelten Leidenschaft, von der Sonderbarkeit unseres Abenteuers derart begeistert, daß ich mich, wie Madame Bovary, in einen verblendeten Traum hineinsteigerte, der mich hinderte, die Anzeichen wahrzunehmen, daß sie mir Lügen auftischten, und mich von den Illusionen zu befreien, in denen ich gefangen war wie in einer Reuse. Es ist auch mög-

inspirierte Sartre zu der Person Ivich in *Zeit der Reife* und Simone de Beauvoir zu Xavière in *Sie kam und blieb*.

lich, daß ihnen, als sie sich auf diese Beziehung einließen, nicht bewußt war, welche Gewalt der Gefühle in mir schlummerte und welch hohe Erwartungen mit meiner Vorstellung von Liebe einhergingen. Aus ihrer Sicht war unsere Geschichte banal, kaum mehr als eine blasse Wiederholung des Trios mit Olga. Für mich war diese Geschichte einmalig und lebenswichtig; ich hatte mich ganz auf sie eingelassen. Dieses Mißverständnis führte in Castors Briefen an Sartre zu den ständigen Beschwerden über das, was sie mein «Pathos» nannte, und das ihr so oft auf die Nerven ging. Doch wenn man Vergnügen daran findet, Feuer zu legen, weiß man nie, wie weit es sich ausbreiten oder welcher Wind es schüren wird.

Das andere, sicherlich weniger bedeutende Motiv, das aber bei der Entscheidung, meine eigene Geschichte niederzuschreiben, eine gewisse Rolle spielte, bestand darin, daß ich es nicht mehr ertragen konnte, das passive Objekt zu sein, dessen Wesenszüge von Biographen oder Artikelschreibern genüßlich beschrieben werden; ich wollte endlich das *Subjekt* sein, das berichtet, was es erlebt hat, nicht mehr bloß *Objekt* für die anderen.

Die amerikanische Veröffentlichung einer Biographie Simone de Beauvoirs von Deirdre Bair brachte mich 1990 auf.* In einem scheinbar gut recherchierten Buch erzählt Deirdre Bair, eine amerikanische Hochschullehrerin, die sich auf zahlreiche lange Unterredungen mit Simone de Beauvoir beruft, auf ihre Weise meine Geschichte mit den beiden Schriftstellern. Im Text dieser Biographie wie auch im Register dieses dicken Buches nennt sie meinen Mädchennamen sowie meinen Namen nach der Heirat und liefert den Schlüssel zu meinem Pseudonym, Louise Védrine.

Als ich von amerikanischen Angehörigen meiner Familie

* Deirdre Bair *Simone de Beauvoir*. Eine Biographie, München 1992.

erfuhr, daß ich auf diese Weise eine zweifelhafte Bekanntheit erlangt hatte, war ich alarmiert und wütend, weil ich es mir zum Prinzip gemacht hatte, stets Stillschweigen über das Trio-Abenteuer zu wahren, und weil ich von Simone de Beauvoir und Sartre das Versprechen erbeten (und erhalten) hatte, in ihren Werken niemals meinen Namen zu nennen. In den Vereinigten Staaten kannte ich nicht viele Leute, und überdies schützen die Gesetze dort das Privatleben nicht: es war unmöglich und sinnlos, gegen das Buch vorzugehen, das bereits erschienen war und sich gut verkaufte. Ich war aber sehr besorgt wegen einer wahrscheinlichen Übersetzung ins Französische. Hier kennen sowohl mein Mann als auch ich selbst sehr viele Leute. Bernard hat sehr viele Studenten gehabt und ich mehrere Generationen von Schülern, ganz zu schweigen von all unseren Freunden und Kollegen. Nun enthält das Buch von Deirdre Bair gewiß erwiesene Tatsachen, aber eben auch sehr zahlreiche zweifelhafte Behauptungen, die an üble Nachrede grenzen.

Ich konsultierte also einen Rechtsanwalt, der mir von jeder Aktion in den Vereinigten Staaten abriet, aber bestätigte, daß man im voraus den künftigen Verleger der französischen Ausgabe davon unterrichten könne, daß ich mich nachdrücklich der Veröffentlichung meines Namens und der Preisgabe meines Pseudonyms widersetzen würde. Es folgten achtzehn Monate schwieriger Verhandlungen zwischen dem Verlag Fayard, Deirdre Bair und meinem Anwalt, bis Deirdre Bair sich schließlich bereit erklärte, meinen Namen durch ihre eigenen Initialen, *D.B.*, zu ersetzen. Die *Biographie de Simone de Beauvoir* erschien 1991 in französischer Übersetzung bei Fayard.

Es ist nicht leicht, die Arbeitsweise von Deirdre Bair zu verstehen. Offensichtlich nahm sie die mich betreffenden boshaften und lügenhaften Behauptungen Simone de Beauvoirs für bare Münze, ohne sie je zu überprüfen. Diese hatte sich übrigens sehr gehütet, mir deutlich zu sagen, daß eine amerikanische Professorin eine wichtige Arbeit über sie vorbereitete: das wenige, was sie darüber verlauten ließ, war ausweichend, oft kritisch, und sie hatte mir «verboten», das Buch zu lesen, wenn es erschienen sei. Dieses Verbot hätte meinen Verdacht wecken müssen. Castor hatte sich auf ihre Weise naiv gezeigt, aber ich hatte darauf kaum achtgegeben: so viele Dinge waren über sie geschrieben worden, so groß war ihr Bekanntheitsgrad, daß ich nicht mehr mitkam und es längst aufgegeben hatte, alles zu verfolgen.

Darüber hinaus hatte Simone de Beauvoir, um die einzige Informationsquelle zu unserer gemeinsamen Geschichte zu bleiben, alles getan, damit Deidre Bair keinen Kontakt mit mir aufnahm. Durch diese Manöver ergab sich schließlich ein Bild von mir – und von Bernard –, das gänzlich inakzeptabel war und mich zutiefst schockierte.

Verschiedene Veröffentlichungen* zwischen 1989 und 1991, die meinen Ruf in Frage stellten, haben mich dann zu der Entscheidung geführt, die Geschichte meines Abenteuers als Achtzehnjährige selbst zu schreiben.

Das Jahr 1990, vier Jahre nach Simone de Beauvoirs Tod, wurde zu einem Angelpunkt, zu etwas wie einer Wiederholung des Zusammenbruchs von 1940, fünfzig Jahre später. Aber dieses Mal waren es nicht Gefühle des Verlassenseins und der Zerrissenheit, die mich überwältigten, sondern eine unermeßliche Traurigkeit, eine so radikale Enttäuschung, daß mich der pure Ekel überkam, als ich die wahre Persönlichkeit jener Frau entdeckte, die ich mein ganzes Leben lang geliebt hatte. Ein heilsamer Zorn überkam mich, der mir erlaubte, mich von der Erstarrung zu befreien und meine Schüchternheit samt

* Im besonderen das Buch von Gilbert Joseph *Une si douce occupation*, Paris 1991.

allem, was mich immer gefesselt hat, abzuwerfen. Endlich konnte ich diese Geschichte erzählen.

Hier ist es notwendig, knapp einige biographische Fakten einzuflechten, die es dem Leser erleichtern könnten, mich im Geiste einzuordnen und sich später ein Urteil über gewisse Reaktionen von Sartre und Simone de Beauvoir zu bilden.

Ich wurde im April 1921 in Lublin, Polen, geboren; meine Eltern waren Juden. Als ich fünfzehn Monate alt war, verließen sie Polen und zogen nach Paris, ohne die Hoffnung oder den Wunsch, je zurückzukehren. Ein Onkel, Jacques Bienenfeld, ein erfolgreicher Geschäftsmann, wollte seinen Handel mit edlen orientalischen Perlen ausdehnen. Er schlug mehreren polnischen oder österreichischen Verwandten, die wie er den Namen Bienenfeld trugen, vor, zu ihm nach Frankreich zu kommen und unter seiner Leitung in der Firma, die er gegründet hatte, mitzuarbeiten. Mein Vater hatte in Wien gerade sein Medizinstudium abgeschlossen: er zögerte sehr, die Medizinerlaufbahn aufzugeben, obwohl er wußte, daß er darin als Jude auf große Schwierigkeiten stoßen konnte. Schließlich nahm er das Angebot meines Onkels und die Aussicht auf ein völlig neues Leben an.

Die Wahl war schwierig, aber wenn mein Vater einmal eine Entscheidung getroffen hatte, änderte er nie mehr seine Meinung. Außerdem erwartete meine Mutter 1920 meine Geburt – ein weiteres Motiv auszuwandern. Die Unsicherheit in Mitteleuropa und besonders in Polen, das periodisch von gewalttätigen, antisemitischen Strömungen heimgesucht wurde, bewegte die Juden zur Flucht in demokratischere Gegenden. So wurde mein Vater für das Opfer seiner Karriere mit der Hoffnung auf ein freies, glücklicheres Leben entschädigt, in dem er seine Kinder in Ruhe aufziehen könnte. Wir wurden also Franzosen, und ich habe mich immer als Französin gefühlt.

Als meine Eltern 1922 in Paris eintrafen, waren sie sehr arm. Sie wohnten zunächst in zwei kleinen Zimmern in der sechsten Etage, ohne Aufzug, gemeinsam mit dem Bruder meines Vaters, meiner Tante und meinem kleinen gleichaltrigen Cousin Nicha. Da keiner von ihnen Französisch sprach, konnten sie nicht daran denken zu arbeiten, bevor sie es erlernt hatten: sie taten dies unermüdlich in den Kursen der Berlitz-Schule, dank derer sie rasch Fortschritte machten.

Allmählich verbesserte sich unsere materielle Situation, und meine Eltern konnten sich in einer richtigen Wohnung einrichten. Unglücklicherweise unterkühlte sich meine Mutter ein wenig später, als ich etwa sechs Jahre alt war, und zog sich eine Rippenfellentzündung zu. Das war 1927, kurz vor der Geburt meiner Schwester Ella. Die Ärzte verordneten meiner Mutter einen Sanatoriumsaufenthalt: meine neugeborene Schwester und ich fanden uns den Händen von Gouvernanten überlassen. Mein Vater mußte sehr oft auf Reisen gehen, denn ihm oblag der Einkauf der Perlen an den Orten, wo sie gefischt worden waren: auf der Insel Bahrein im Persischen Golf. Die Familie lebte auseinandergerissen. Daher beschloß man, uns Mama näher zu bringen: fast zwei Jahre verbrachten wir in einem kleinen Hotel in einem Dorf namens Leysin, von wo aus wir mit unserer Gouvernante zweimal in der Woche Mama in ihrem Sanatorium weiter oben in den Bergen besuchen konnten. In meiner Kindheit, und weit stärker noch in der meiner kleinen Schwester, war das ein Bruch, dessen Auswirkungen wir immer gespürt haben. Der Schock, den ich während der Krankheit meiner Mutter erfuhr, als ich begriff, daß sie daran sterben könnte, hatte meine Gesundheit geschwächt. Die Fotografien aus dieser Zeit zeigen ein kleines, mageres Mädchen, schüchtern und verkrampft, dessen Gesicht zur Hälfte aus Schatten unter den Augen besteht. Jeden Abend erbrach ich mein Essen. Die «Freunde», die ich im Hotel gefunden hatte, empfanden mich als wehrlos vor lauter Unglück und schlossen sich oft gegen mich zusammen: ich war zu ihrem Prügelknaben geworden. Indessen ließ man uns im Winter nach der Theorie eines Arztes, dessen Namen ich vergessen habe, beinahe nackt unsere ersten Versuche auf den Skiern machen: die Sonne galt als vorbeugendes Mittel gegen alle Übel. Es gab also nicht nur Unannehmlichkeiten, wenn man in der Schweiz lebte, ohne zur Schule zu gehen.

Als wir nach Frankreich zurückkehrten, äußerte mein Onkel den Wunsch, meinen Vater «in der Nähe» zu haben (er hatte zunehmendes Vertrauen in seine Rechtschaffenheit); meine Eltern mieteten eine Villa mit einem großen Garten, ganz in der Nähe des stattlichen Wohnsitzes meines Onkels: rue des Bons-Raisin in Suresnes. Aus republikanischer Überzeugung meldeten mich meine Eltern in der öffentlichen Schule von Plateau an, mitten in einem Arbeiterviertel, wo es mir gelang, meine versäumten Schuljahre aufzuholen. Ich war ein lebhaftes Kind, intelligent, neugierig auf alles, leichtsinnig, mager und anämisch. Ich hatte dunkelkupferrote Locken. Meine Mutter, die sehr gut schneidern konnte, nähte mir hübsche Kleider: sie hatte ihre Koketterie auf mich übertragen. Aber gerade in der Schule, die ich besuchte, in dem Milieu, in dem ich tagsüber lebte, wurden diese Feinheiten nicht akzeptiert. Ich erinnere mich an den Tag, an dem ich mit schrägsitzender Baskenmütze, so wie sie mir meine Mutter aufgesetzt hatte, im Schulhof ankam und mit Protestgeschrei empfangen wurde: die Gepflogenheit wollte, daß man die Mütze gerade aufsetzte und fast bis zu den Augen herunterzog. Unter boshaften Witzeleien schnappten sich meine Kameraden die Mütze und machten ein Wurfgeschoß daraus, das von Hand zu Hand flog, während ich bestürzt und weinend hin und her rannte, um sie wiederzukriegen. Als Neunjährige brachte ich offenbar kein Verständnis für die Schönheit des Klassenkampfes auf. Obwohl ich in dieser Zeit das Glück hatte, meine Mutter wiederzufinden, und das Familienleben in normaleren Bahnen verlief, habe ich an die zwei Jahre in Suresnes gemischte Erinnerungen: unglücklich in der Schule, glücklich in meinem Garten.

Ich gewöhnte mir an, nachmittags mit einem Buch in die Gabel einer großen Zeder zu klettern. Übrigens las ich sehr viel, und da ich schnell las und man mir nicht ständig neue Bücher verschaffen konnte, verschlang ich immer wieder dieselben, oft alberne Schmöker. Darunter die gesamte Sammlung «Bibliothèque Rose» mit dem Werk der Comtesse de Ségur an der Spitze. Ich lächelte auch über die liebevollen Karikaturen in *Die Damen mit den grünen Hüten* oder entdeckte mit *Die weißen Fangzähne* unbekannte Horizonte. Später las ich mit Wonne *Die kleine Fadette* und all die entzückenden Romane von George Sand, dann verschiedene Werke von Anatole France und Alphonse Daudet. Ich liebte auch die illustrierten Sammlungen, wie *Sumpfschnepfe, Die blitzsauberen Füße* oder *Die Abenteuer Bicots.*

Als ich zehn Jahre alt war, mußte man überlegen, auf welches Gymnasium ich gehen sollte. Meine Eltern beschlossen, wieder nach Paris zu ziehen, wo die Schulfrage bequemer zu lösen war. Sie mieteten eine kleine Wohnung im 16. Arrondissement, und im Oktober schloß ich Bekanntschaft mit dem Lycée Molière. Ich war eine gute, eifrig lernende Schülerin; alle Fächer interessierten mich. Vor allem war ich stolz, die Beste in Latein zu sein. Neben der Schule nahm ich am Internationalen Konservatorium Unterricht und übte mehr auf dem Klavier als in Suresnes. Meine Eltern hatten einen kleinen Pleyel-Flügel gekauft, dessen sehr reinen Klang ich liebte. Meine Mutter drängte mich zum Musizieren, denn sie bedauerte sehr, daß sie sich während ihrer armen polnischen Jugend keiner Kunst hatte ausübend nähern können, obwohl sie wirklich eine künstlerische Ader hatte; so übertrug sie ihre frustrierte Sehnsucht auf mich. Ich machte rasch große Fortschritte, und am Ende meines zweiten Jahres am Konservatorium ließ Pierre Lucas, der Direktor, Mama kommen und riet ihr, mich vom Gymnasium zu nehmen: er wollte, daß ich täglich fünf bis sechs Stunden Klavier spielte, weil er mich für außergewöhnlich begabt hielt, und meinte, ich könnte eine Karriere als Pianistin in Betracht ziehen. Meine Eltern zögerten lange, aber ich war leidenschaftlich bereit dazu und fest entschlossen, mich meinem Instrument zu widmen. Ich kämpfte den ganzen Sommer hindurch; es gab Geschrei und Tränen; ich war mir meiner Sache so sicher und so zäh, daß ich schließlich meine Eltern überzeugen und dazu bewegen konnte, ihre Zustimmung zu geben. Nach den Sommerferien erhielt ich also in den Schulfächern Privatunterricht; den Rest der Zeit arbeitete ich am Klavier. Diese Phase dauerte zwei Jahre. Dann gab ich den Plan, Konzertpianistin zu werden, nach reiflicher Überlegung auf, da ich gewisse Unzulänglichkeiten an mir sah und die Tücken einer Künstlerlaufbahn erkannte. Ich kehrte ans Gymnasium zurück und tat mich dort nach zwei Jahren Abwesenheit recht schwer. Die beiden Jahre, in denen ich so gut wie nichts gelernt hatte, fehlten mir sehr. Aber durch harte Arbeit schaffte ich es, die erste Abschlußprüfung zu bestehen.

Die Art meiner Lektüre hatte sich ein wenig verändert. Ich liebte die süßlichen Geschichten von Delly, aber ich befolgte auch die Ratschläge meiner Lehrer und nahm mir die richtige Literatur vor. Die beste Freundin meiner Mutter, eine sehr gebildete Frau, hatte mir eine schöne, prächtig gebundene Ausgabe von *Tristan und Isolde* in der Version von Joseph Bédier geschenkt. Ich war von dieser Legende so fasziniert, so begeistert vom Stil und von dem herrlichen Abenteuer, das darin erzählt wird, daß ich diesen Text immer wieder las. Viel später erfuhr ich aus der Studie *L'amour et l'occident* von Denis de Rougemont, daß nicht nur die gesamte Literatur, sondern auch die Gefühle der abendländischen Menschen von diesem legendären Modell beeinflußt sind. Ich glaube, daß es für mich zugleich eine Offenbarung und einen prägenden Einfluß darstellte: es gefiel mir, weil es eine schöne, tragische Liebesgeschichte war, aber es hat ohne Zweifel meine Neigung zur Sentimentalität verstärkt.

DAS TRIO

Meine Geschichte nahm einen anderen Verlauf, der sich als entscheidend erweisen sollte, als ich nach den Sommerferien 1937 unsere neue Lehrerin in die Klasse treten sah, Simone de Beauvoir, die gerade an das Lycée Molière berufen worden war. Wir fanden es alle sehr aufregend, diese schöne junge Frau statt des alten, bärtigen Herrn vor uns zu haben, der in der Nachbarklasse seines Amtes waltete. Ich habe keine sehr genaue Erinnerung an den Moment, in dem ich sie zum erstenmal sah, jedoch einen generellen Eindruck: sie war klein, schmächtig, ein wenig ungelenk, nicht sehr gut gebaut. Sie hatte einen schnellen Gang und manchmal brüske Gesten an sich. Alles an ihr strahlte Energie aus, aber nicht Gelassenheit: eine gewisse Nervosität mußte sie beherrschen, weil sie nicht aufhörte, an einem großen Pickel an ihrer linken Hand zu kratzen, manchmal bis aufs Blut. Am meisten beeindruckte mich die Schönheit ihres vollendet proportionierten und geschnittenen Gesichts, das reine Profil mit den deutlichen Wangenknochen. Die Intelligenz ihres leuchtendblauen Blikkes fiel uns sofort auf. Der einzige Mangel: ihre Stimme war brüchig, rauh, wenig angenehm. Die extreme Schnelligkeit ihrer Sprechweise bereitete uns beim Mitschreiben große Schwierigkeiten. Sie sprach so schnell, daß eine kühne Schülerin – ich etwa – sie gelegentlich anflehte: «Sprechen Sie doch bitte langsamer, Mademoiselle!» Sie tat es, aber nur vorübergehend: im Eifer des Vortrags wurde der Redefluß erneut reißend.

Ich war von der Lehrerin ebenso fasziniert wie von den Problemen der Philosophie, die sie uns darstellte: zusammen erschien es mir wie eine Art Offenbarung. Sie wußte so viel über so umfassende und für uns so neue Dinge; ihre Darstellung war lebhaft, klar und strikt; sie stützte sich dabei nie auf Notizen: alles hatte sie, perfekt geordnet, im Kopf. Sie bewies große Selbstsicherheit sowohl da, wo sie bewunderte als auch da, wo sie Verachtung bekundete. Wäre ich älter gewesen, hätte ich eine solche Selbstsicherheit vielleicht als provozierend oder gar verdächtig empfunden, aber mit sechzehn Jahren ist man leicht zu betören. Die Endgültigkeit ihrer Urteile ist immer eine Eigenart Simone de Beauvoirs geblieben. Als ich vierzig Jahre später eines Tages meine Bewunderung dafür äußerte, mit welcher Schlichtheit und Tiefe Yves Nat die Sonaten von Beethoven spielte, fiel sie mir ins Wort, widersprach und behauptete, deren bester Interpret sei Wilhelm Kempff – in einem so entschiedenen Ton, daß keine Entgegnung möglich war. Und wieder einmal verzichtete ich auf jede Diskussion. Castor hatte in jedem Falle immer recht.

Den wohlproportionierten Kopf von Simone de Beauvoir bedeckte kastanienbraunes, nicht sehr dichtes Haar, glatt und in der Mitte gescheitelt. Ein dünner Zopf spannte sich von einem Ohr zum anderen. Ich erinnere mich, daß sie karierte Röcke und knapp sitzende Kostümjacken trug. Als ich sie später persönlich kannte, sagte sie mir, aus ökonomischen Gründen lasse sie sich von ihrer Mutter einkleiden. Als wir näher vertraut wurden, bemerkte ich, daß die kleinen weißen Kragen, die über den Kostümkragen ragten, nicht die von Blusen waren, sondern der obere Teil eines Plastrons, das mit einem Gummiband um die Brust befestigt war. Dieser jämmerliche Kunstgriff brachte mich, die sich in Eleganz gefiel, zum Lachen, zumal ich bei derselben Gelegenheit endeckte, daß auch der Haarzopf falsch war. Während des Krieges brachte der Rat ihres Friseurs Simone de Beauvoir auf die Idee, über ihrem gescheitelten Haar einen falschen Dutt anzubringen, der anmutig den Kopf krönte. Auf gewissen alten Fotos sieht man diese Frisur. Schließlich fand sie zu der berühmten Frisur mit dem farbigen Turban. Sie war sehr stolz auf ihre Erfindung und erwähnte sie oft in ihren Briefen an den Soldaten Sartre. Ich täuschte mich, wenn ich sie über solche kleinen Eitelkeiten erhaben wähnte.

Neben ihrer augenscheinlichen Schönheit beeindruckte ihre hervorragende, schneidende, kühne Intelligenz. Die Stärke und Schnelligkeit ihrer Auffassungsgabe war erstaunlich, ihr Lesehunger unersättlich. Auch im Leben verlor sie niemals Zeit und zeigte in allen Dingen ein drängendes Ungestüm, dessen Grund ich nicht begriff. Erst viel später, als ich sie einmal aufforderte, mir ihre ständige Gehetztheit zu erklären, sagte sie seufzend: «Das Leben ist so kurz», und ich begriff den Zusammenhang zwischen ihrer Todesangst und ihrer Art, die Wörter herauszustoßen und ihre Tage mit Verabredungen vollzupacken. All ihre Erfahrungen, wie stark auch immer, wurden verdichtet erlebt, in ihrem präzisen Gedächtnis gespeichert und selten wiederholt. Als ich ihr einmal vorschlug, in eine Serie von Konzerten mit den Quartetten Beethovens zu gehen, lehnte sie zu meinem großen Erstaunen ab, mit der Begründung, sie habe sie schon einmal sehr aufmerksam gehört und fände es unnütz, es noch einmal zu tun. Mich schockierte an meiner Freundin diese übertrieben intellektualisierte Seite, die meinem Wesen so entgegengesetzt war.

Im Unterricht wurde, als wir das Bewußtsein durchnahmen, in erster Linie Descartes behandelt, später Husserl. Als uns Simone de Beauvoir die cartesianische Methode des Zweifels erklärte, hielt sie inne, bevor sie uns den theatralischen Ausweg enthüllte, und fragte: «Und nun, nachdem man alles in Frage gestellt hat, das heißt, alles eliminiert hat, was passiert dann? Was bleibt?» Aus einer plötzlichen Inspiration heraus, die sicher meiner extremen Aufmerksamkeit entsprang, warf ich ein: «Es bleibt, daß ich denke.» Die Evidenz des Cogito hatte mich ergriffen. Im Gegensatz dazu ist mir alles, was zum Unbewußten gesagt wurde, an das weder Simone de Beauvoir noch Sartre je geglaubt haben, nur vage in Erinnerung. Sie hat sicherlich über Freud gesprochen, aber nur, um ihn zu widerlegen. Das Unbewußte konnte ihrer Meinung nach nur etwas Undurchsichtiges *innerhalb* des Bewußtseins sein, mit anderen Worten, etwas Unmögliches. Philosophisch gesehen mußte man zwischen Husserl und Freud wählen. Sie leugnete somit selbst das Konzept des Unbewußten.

Wir blieben bei diesem Philosophiekurs thematisch ganz im Rahmen des klassischen Lehrplans, waren aber wegen de Beauvoirs ausführlicher Erläuterungen zur Wissenschaftsphilosophie unvermeidlich im Rückstand. Also mußte sie sehr schnell über mehrere Morallehren hinweggehen. Sie erklärte uns die epikureische und die stoische Philosophie sowie die «Moral» Kants. Im ersten Drittel des Kurses jedoch, sicherlich unter dem Eindruck, noch viel Zeit zu haben, ließ sie sich lange über die Emotionen aus (Sartre sollte später ein vielbeachtetes kleines Werk schreiben, *Skizze einer Theorie der Emotionen*) und forderte die Schülerinnen auf, von einer emotionalen Erfahrung zu erzählen. Ich hob die Hand und berichtete von sehr starken Angstgefühlen, die ich im Lauf des vorangegangenen Sommers verspürt hatte: in Abwesenheit meiner Eltern und jeder anderen erwachsenen Person waren eine Freundin und ich genötigt gewesen, allein in einer abgelegenen Villa in Cabourg zu schlafen; am Abend und in der Nacht waren wir von einem undurchsichtigen Kerl belästigt worden, der versuchte, in die

Villa einzudringen; es gab keine Nachbarn und kein Telefon. Meine verängstigte Freundin hatte den Kopf unter ein Kissen gesteckt. Klopfenden Herzens nahm ich allen Mut zusammen und drohte dem Kerl durch ein kleines Fenster mit Blitz und Donnerschlägen, wenn erst mein Vater wiederkäme – bald, behauptete ich. Und, welch Wunder, der Mann verschwand. Simone de Beauvoir gestand mir später, daß sie mich an diesem Tag erstmals wahrgenommen und meine Art, von dem Vorfall zu berichten, bezaubernd gefunden habe.

Die Besten der Klasse, die brillanten Schülerinnen, die für philosophische Erörterungen Interesse aufbrachten, schätzte sie, für die anderen hatte sie nur schneidende Verachtung. Wenn sie die schlechten Aufsätze kommentierte, war diese Verachtung herauszuhören, und sie war so rüde, daß ich für meine Kameradinnen verletzt war. Später äußerte ich meine Mißbilligung ihr gegenüber, aber das half nichts. Für sie zählte nur die Intelligenz. Da sie beschlossen hatte, ich sei ausreichend damit ausgestattet, und da ich die Klassenbeste war, hatte ich ein Anrecht auf ihre Aufmerksamkeit.

Ungefähr im März 1938 (ich war also fast siebzehn Jahre alt) schrieb ihr ich einen kurzen Brief, in dem ich ihr meine Neigung für die Philosophie und meine Bewunderung für sie persönlich mitteilte. Ich weiß noch, was ich empfand, als ich darauf sehr schnell einen Rohrpostbrief erhielt, in dem sie mir ein Treffen in einem Café in der rue de Rennes in Aussicht stellte, in der *Brasserie Lumina*, die sich in der Nähe der Wohnung ihrer Mutter befand. Sie empfing mich herzlich; und wir kamen überein, uns noch im selben Jahr außerhalb des Gymnasiums zu sehen, um uns besser kennenzulernen. Ich war zugleich eingeschüchtert, aufgeregt und stolz darauf, das Anrecht ergattert zu haben, sie privat zu sehen. Ich schwebte auf einer Wolke von Glück.

Die Betörung, die ich verspürte, hatte ihren Ursprung vor allem in Simone de Beauvoirs physischer Präsenz, aber diese Präsenz entsprach ihrem entschiedenen, ausgeprägten Charakter. Sie schien der Bug eines schnell die Wogen durchpflügenden Schiffes zu sein, ein Bug aus hartem, glänzendem, unveränderbarem Stein. Ich bildete mir ein, sie habe überhaupt nichts Zerbrechliches (worin ich mich täuschte) und keinerlei Vielschichtigkeit (ich täuschte mich ein zweites Mal). Sie war «eine strebende Kraft» – geradewegs und ohne Schwäche vorwärts –, die ihrem ehrgeizigen Streben nach Prominenz und vielleicht nach Ruhm alles opferte. Da meine leidenschaftliche Freundschaftserklärung sie gerührt hatte, gab sie sich sanft und liebevoll, weshalb ich weder ihren wilden Egoismus noch ihren alles verschlingenden Ehrgeiz erkannte.

Meine Betörung entstand jedoch auch aufgrund der Diskrepanz zwischen ihrer Bildung, die mir unermeßlich erschien, und der meinigen, die zu jener Zeit recht armselig war. Armselig auch deshalb, weil meine Eltern als Emigranten keine gründlichen Kenntnisse in französischer Literatur besaßen und nur einige klassische Autoren des neunzehnten und zwanzigsten Jahrhunderts liebten. Meine Mutter erbat sich jedes Jahr bescheiden vom Französischlehrer Ratschläge für meine Lektüre. Es ist wahrscheinlich, daß diese Elemente dunkel mitspielten, wenn ich das Gefühl hatte, mich in Gegenwart eines Menschen zu befinden, der mich weit überragte.

Da wir uns nur schwer während der Woche treffen konnten, trafen wir uns in jenem Frühling fast jeden Sonntag, um in Paris oder in der Umgebung spazierenzugehen. Das sonntagmorgendliche Aufwachen war eine Freude. Rasch stieg ich an der Station Passy, nicht weit von unserer Wohnung, in die Métro. Der Zug kam aus den Eingeweiden der Erde, ich sprang in einen Wagen und fühlte mich – zwischen den Hügeln von Meudon und dem Eiffelturm – in den Himmel geschleudert. Meine Ungeduld, am Ziel anzukommen, war so groß, so stürmisch, daß ich wohl kaum mehr im Leben eine solche Intensität verspürt habe. Die Strecke dehnte sich endlos. Ich empfand die Fahrtzeit als Feindin meiner Wünsche. Endlich stieg ich an der Station Edgar-Quinet aus und rannte die rue de la Gaîté hinauf, bevor ich ins *Hotel Mistral* stürzte, in dem Simone de Beauvoir wohnte, ein ziemlich schäbiges Hotel in der rue Cels, einer kleinen Seitenstraße der rue Froidevaux. Wir küßten uns zärtlich und legten dann das Programm für den Tag fest: wir zogen los, quer durch Paris, in Viertel, die mir völlig unbekannt waren; wir strichen über den Flohmarkt oder schlenderten auf dem Montmartre umher. Manchmal nahmen wir einen Zug in die Außenbezirke, wie an jenem Tag, als wir lange durch Saint-Germain gelaufen waren. Einmal schlug ich ihr vor, die Straße in Suresnes, in der ich gewohnt hatte, und das «Château» zu besichtigen, das der Wohnsitz meines Onkels Jacques gewesen war.

Onkel Jacques war der Mittelpunkt, der Anker, von dem das Schicksal unserer ganzen Familie abhing. Ohne seine Einladung, sich ihm in Paris anzuschließen, wäre mein Vater ein unbedeutender jüdisch-polnischer Arzt geblieben, und infolge des Nazismus wären wir sicher alle umgekommen. Onkel Jacques glich einer Legendengestalt, geliebt und gefürchtet zugleich. Er besaß wirklich schöpferische Kraft; er hatte sich «gemacht» nach Art der amerikanischen «self-made men». Wahrscheinlich war er vor dem Krieg von 1914–1918 ohne einen Centime nach Paris gekommen. Niemand weiß, wie es ihm gelang, in wenigen Jahren zum weltgrößten Händler edler orientalischer Perlen zu werden. Seine Gewandtheit wirkte weit über die engen geschäftlichen Kreise hinaus. Der sozialistische Bürgermeister von Suresnes, Henri Sellier, war sein Freund. Nachdem er sich wegen einer Untersuchung der Struktur der Perlen und ihrer Krankheiten einmal an das Institut Pasteur gewandt hatte, pflegte er weiter freundschaftliche Beziehungen zu Professor Calmette. Der Schreiner, der ständig für ihn arbeitete und der seine Werkstatt und Wohnung im Park des «Château» hatte, war damit beauftragt worden, in der Eingangshalle des Wohnhauses – die zwei riesige Statuen, Kopien von Michelangelos *Sklaven* aus dem Louvre, schmückten – das Chorgestühl einer Kathedrale orginalgetreu nachzubauen. Drei Gärtner waren im Park und im Gemüsegarten beschäftigt. Der Tennisplatz hallte von den Rufen junger Leute wider, die sich dort amüsierten. Jacques regierte über seinen prächtigen Besitz ebenso wie über das Personal des Kontors in der rue La Fayette als absoluter Autokrat, großzügig zu denen, die er liebte, scheußlich zu den anderen. Wie viele Geschäftsleute, die gewaltigen Erfolg gehabt hatten, war er zur Zeit der großen Krise von 1929 auf einen Schlag vollständig ruiniert: er schuldete den Banken solche Summen, daß sie ihm die ganze Ware konfiszierten. Er hatte keine Möglichkeit mehr, sich davon zu erholen. Als geschlagener, kranker Mann starb er wenige Jahre darauf.

Simone de Beauvoir und ich erreichten die Höhen von Suresnes, unterhalb des Mont Valérien. Mein Onkel war seit langem tot, sein Wohnsitz war dem Verfall preisgegeben. Wir erkundeten die Melancholie des prachtvollen Parks, der nun verwüstet und geplündert dalag. Das «Château», leergeräumt, stand sperrangelweit offen. Ich war bedrückt, gerührt von der Rückkehr an den Ort meiner Kindheit. Wir stiegen in die erste Etage hinauf. Dort setzten wir uns auf den kahlen Boden des Balkons vor dem Schlafzimmer meiner Tante in die Sonne und redeten lange, ich über meine Vergangenheit, Simone über Ereignisse, die ihre geprägt hatten. Ich erzählte von meiner Herkunft, meiner zerissenen Kindheit, beschrieb die Mitglieder meiner Familie und erklärte meinen Beschluß, Pianistin zu werden und den späteren Meinungsumschwung. Sie sprach über ihre Freundschaft mit Zaza, die sie auf der Privatschule kennengelernt hatte, als sie elf Jahre alt war. Die *Memoiren einer Tochter aus gutem Hause*, die erst 1958 erschienen, erzählen ausführlich vom Verlauf der langen, treuen Bindung an Elisabeth Le Coin, die Simone in ihrem Buch Zaza nennt: «Ich hielt große Stücke auf meine neue Freundin, deren Präsenz sprudelnd war wie eine Quelle, unerschütterlich wie ein Marmorblock und so entschlossen gezeichnet wie ein Dürer-Porträt.» Zazas Begabung und Anmut flößten Simone de Beauvoir fast Minderwertigkeitsgefühle ein. Sie erzählte mir von Zazas plötzlichem Tod an Gehirnentzündung im Alter von einundzwanzig Jahren, für Simone ein großer, anhaltender Schmerz.* Dann erzählte sie mir von ihrem Kampf gegen die Vorurteile ihres Milieus, um das Recht, studieren zu können; und schließlich von ihrer Begegnung mit einer Gruppe von Studenten an der École Normale: Herbaud, Sartre und Nizan. Zum Schluß sagte sie, wie eine geschickt vorbereitete Pointe: «Der Häßlichste unter ihnen, der Ungepflegteste, aber auch der Freundlichste und Intelligenteste war Sartre.» Und ich begriff sofort, daß er die Liebe ihres Lebens war.

Sie erklärte mir, welche Art von Beziehung zwischen ihnen bestand: keine Ehe, unter keinen Umständen die Ehe, keine Kinder, das nähme zu stark in Anspruch. Jeder lebe auf seine Weise, habe Liebesgeschichten und sexuelle Abenteuer; es gelte nur ein Versprechen: einander alles zu erzählen, einander nie zu belügen. Alles in allem die vollkommene Freiheit bei absoluter Transparenz. Ein ehrgeiziges Programm! Sie wollten vor allem eine Existenz führen, die reich an Reisen, Begegnungen, Studien und Austausch zwischen intelligenten Menschen war, ein Leben, in dem man maßgeblich und vielleicht

* Der Tod von Zaza wird auf den Seiten 344–345 beschrieben. *Memoiren einer Tochter aus gutem Hause*, Reinbek 1968.

angesehen genug wäre, um eine neue Denkweise an künftige Generationen weiterzugeben.

Ich versuchte die Gründe für diese Entscheidungen zu verstehen, da ich jedoch über ihr Gefühlsleben nichts wußte, blieben sie mir zum großen Teil unzugänglich. Simone hatte mir von Olga Kosakievicz und der Freundschaft mit ihr erzählt, wobei sie betonte, daß diese Freundschaft sich sehr abgekühlt habe und sie Olga nur noch aus Pflichtgefühl sehe. Ich erfuhr außerdem, daß Wanda, Olgas Schwester, die Geliebte von Sartre war. Nach dem, was man mir darüber erzählte, stieß mich die ungenierte, kapriziöse, faule und unverantwortliche Lebensweise dieser beiden Schwestern ab. Ich konnte mir nicht eingestehen, daß sic lediglich von der Großzügigkeit Sartres und Simone de Beauvoirs lebten, die manchmal selbst Schwierigkeiten hatten, bis zum Monatsende hinzukommen. Die Gründe, die Jean-Paul Sartre und Simone de Beauvoir dazu bewegten, diese Situation hinzunehmen, waren vielschichtig: spontane Großzügigkeit und entschiedene Ablehnung der im eigentlichen Sinne «bourgeoisen» finanziellen Voraussicht spielten dabei eine Rolle, vor allem aber, wie ich glaube, die Faszination, die eine weniger vorausschauende Lebensweise auf sie ausübte, als Ausgleich zur Langeweile ihres Beamtendaseins. Letztlich beruhte ihre Freigebigkeit vielleicht auf den Schuldgefühlen von Menschen, die im Gegensatz zu Bohémiens ein regelmäßiges Einkommen haben.

Ihr Alltag setzte eine Vielfalt von zwischenmenschlichen Beziehungen voraus: daraus ergab sich ein minuziöser Zeitplan, ein Organisieren von Verabredungen, das mir schnell unerträglich wurde und alle Flexibilität und Spontaneität in den freundschaftlichen Beziehungen tilgte. Was Simone de Beauvoir anging, so war ihre Zeit auf äußerst rigide Weise gegliedert wie ein Patchwork-Teppich. An den Stunden, die diesem und jenem bewilligt wurden, ließ sich sozusagen die

Zuneigung oder das Interesse messen, das sie ihnen entgegenbrachte. Eine Verabredung löste die andere ab, oft auf derselben Sitzbank des Cafés; und doch begegneten sich ihre diversen Freunde nur selten. Als ich später über diese Frage nachdachte, begriff ich, daß neben dieser Konstruktion Simones Herbheit ihr Leben beschützte wie eine Verteidigungslinie.

Zu Beginn meiner freundschaftlichen Beziehungen zu Simone de Beauvoir wußte ich von Sartre nur, was sie mir von ihm erzählte; ich sah ihn mit ihren Augen. Aber mir war durchaus bewußt, daß ich über das Wichtigste nichts wußte – über den Einfluß, den sie aufeinander ausübten. Später, nachdem ich Sartre kennengelernt hatte, erkannte ich, daß sich trotz ihrer sehr verschiedenen Charaktere bei ihnen eine einheitliche Sichtweise herausgebildet hatte, die ihre Zuneigung zementierte. Daß ihre Auffassungen vom Alltag und ihre philosophischen Ideen so miteinander verschmolzen waren, erschwerte eine genaue Analyse der Unterschiede zwischen ihnen. Ich hatte den Eindruck, mich in Gegenwart eines Steinblocks mit zwei Gesichtern zu befinden, eines Januskopfs.

Von den ersten Monaten an hatte ich mich indessen begeistert mit Simone de Beauvoir identifiziert und alles unternommen, mich ihr in einem Grade anzunähern, daß sich meine Studienfreunde später über die Sprachticks lustig machten, die ich von ihr übernommen hatte. Jedenfalls war ich nun weit von dem kleinen Mädchen entfernt, das auf die banale Frage: «Was wollen Sie einmal werden?» naiv «Heiraten und Kinder haben!» geantwortet hatte, was bei Simone ein mißbilligendes Zusammenziehen der Lippen und ein gewisses Schweigen ausgelöst hatte. Ungefähr im Juni, noch bevor ich die Abschlußprüfung bestanden hatte, wußte ich, daß ich wie sie die gehobene Lehrbefähigung anstreben und Philosophie unterrichten wollte.

Diese Identifikation war jedoch keineswegs vollkommen: ich war anders als sie, zunächst schon dadurch, daß ich Jüdin war. Meine Eltern hatten mich ein Ideal des Großmuts, der Wahrhaftigkeit und der Treue gelehrt; Simone dagegen zeigte klar, daß sie egoistisch nur das tat, was ihr Spaß machte oder ihr nützlich war. Trotzdem wandelten sich unter ihrem Einfluß manche meiner Vorstellungen: zum Beispiel glaubte ich nicht mehr, daß Keuschheit oder die Jungfräulichkeit der Mädchen bis zur Ehe wichtig wären; ich hatte meine Vorurteile Homosexuellen gegenüber verloren. Aber ich glaubte noch immer an die Bemühung, die Arbeit, die Aufrichtigkeit, die Treue. Ich trachtete nach finanzieller Unabhängigkeit. Ich war fest davon überzeugt, daß Frauen ihre Würde nur durch Arbeit erlangen könnten. Für mich war dies übrigens keine neue oder etwa von Simone übernommene Idee, sondern eine sehr alte. Ich hatte immer gewußt, daß ich für meinen Lebensunterhalt würde arbeiten müssen, zumal wir nicht gerade reich waren, und ich hatte Gelegenheit gehabt zu erfahren, daß glückliche Umstände nichts Beständiges sind; aber dies waren auch die Ansichten meines Vaters, der mich in dieser Hinsicht wie ein Junge erzogen hatte. (Man vergesse nicht, daß ich eine Geschichte aus den dreißiger Jahren erzähle, einer Ära, in der bourgeoise Väter im allgemeinen nur daran dachten, ihre Töchter gut zu verheiraten.) Vor allem aber war meine Mutter, die gern gearbeitet hätte, aber keinen Beruf erlernt hatte und darunter litt, von meinem Vater jeden Monat Haushaltsgeld verlangen zu müssen, für mich ein warnendes Beispiel, ein negatives Modell. Mama schärfte mir immer wieder ein: «Mach dich unabhängig, bring dich nicht in die Situation, dein Geld von einem Mann erbetteln zu müssen!» Auf diese Weise war der Wille zu arbeiten schon in meiner Kindheit in mir verankert worden.

Meine Beziehung zu Simone de Beauvoir war somit vielschichtig. Sie zog mich an, sie faszinierte mich, aber ich konnte mich nicht ganz mit ihr identifizieren. Als hätte ich gewünscht, in einen Zauberpalast einzudringen, hatte ich einige meiner Ideen abgestreift wie Schuhe, bevor man eine Moschee betritt, und doch gelang es mir nicht, weiter als bis in die Vorhalle vorzudringen. Im übrigen gab es zwischen uns weit mehr Divergenzen, als ich mir vorgestellt hatte. Die Zukunft sollte es mir zeigen.

Für ihre Beziehung hatten Sartre und Simone de Beauvoir einen ungewöhnlichen Begriff gefunden: sie hatten eine «morganatische Ehe» vereinbart, ein ziemlich schwülstiger Ausdruck, der historisch «eine Vereinigung zwischen einem Fürsten und einer Frau niedrigeren Standes» bezeichnet. Wenn sie ihr Abkommen so bezeichneten, gaben sie damit ihre Ambiguität zu erkennen: sie hatten sich geweigert, das Heiratsritual zu akzeptieren, sich aber verpflichtet gefühlt, einen Ersatz zu schmieden. Mir fiel es sehr schwer zu verstehen, warum sie sich weigerte, mit ihm unter demselben Dach zu schlafen, oder nicht wünschte, Kinder mit ihm zu haben, wenn man einen Mann so liebte, wie sie Sartre liebte. Ich verstand sehr wohl, daß das Leben im Hotel und die Mahlzeiten im Restaurant sehr viel Zeit sparten, und ich gab zu, daß Simone weder Lust noch Begabung für Hausarbeit besaß. Was aber Kinder betraf, so hatte ich noch nicht erkannt, in welchem Maße schon die Idee, ein Kind zu haben, beiden widerstrebte, sie körperlich abstieß. Da ich Sartre noch nicht kannte und mir ohne Zweifel ganz falsche Vorstellungen von seiner Beziehung zu Simone de Beauvoir machte, gelang es mir nicht, den Sinn dieser totalen Freiheit, die sie sich in ihrer Liebe zugestanden, zu begreifen. Das Wesen ihrer Übereinkunft war mir unverständlich, weil ich mir einbildete, zwischen ihnen herrsche ein Vertrauen bar jeder Eifersucht. Nie hatte mir Castor von ihren Sorgen erzählt, von der Panik, die sich manchmal ihrer bemächtigte. Sie hielt sich an die «offizielle» Theorie ihrer Abmachung. Angesichts der häufigen Liebesabenteuer ihres Gefährten wahrte sie den Anschein von Gelassenheit. Diese Gelassenheit stützte das idealisierte Bild, das ich von meiner Freundin hatte. Viel später erkannte ich beim Lesen von allerlei Texten, daß die emotionale Sicherheit, die Castor zur Schau stellte, nicht ohne Brüche war und daß sie mehrere Episoden, die mit Olga oder Wanda zu tun hatten, später mit Dolorès Vanetti* und vielleicht sogar mit meinem Sartre-Abenteuer, in Angst und Aufregung erlebte. Während meiner Jugend jedoch, 1938 und 1939, hätte ich mir den Aufruhr in ihrer Seele nie vorstellen können. Ich war von der Unverbrüchlichkeit ihres gegenseitigen Engagements und dessen leuchtender Klarheit überzeugt, und das genügte mir.

«[Sartre] war gern in Gesellschaft von Frauen, die er weniger komisch fand als Männer. Er war nicht bereit, mit dreiundzwanzig Jahren für immer auf die Freuden der Abwechslung zu verzichten. ‹Bei uns beiden [. . .] handelt es sich um eine notwendige Liebe: es ist unerläßlich, daß wir auch die Zufallsliebe kennenlernen.›», schrieb Simone de Beauvoir in *In den besten Jahren***. So wird hinter dem philosophischen Jargon ersichtlich, daß in dieser ersten Phase ihrer Beziehungen es sehr wohl Sartre ist, der, getrieben von einem nicht zu unterdrückenden Bedürfnis, Frauen zu erobern, Castor diesen Pakt aufzwingt – der sich, wenn man es recht bedenkt, nicht vom gewohnten Verhalten verheirateter Männer bourgeoiser oder proletarischer Herkunft unterscheidet, außer in einem

* Sartre schwärmte viele Jahre für Dolorès Vanetti. Entweder besuchte er sie in den Vereinigten Staaten, oder sie kam nach Paris. «Dolorès ist die einzige, die mir angst gemacht hat», sagt Simone de Beauvoir in den *Gesprächen mit Jean-Paul Sartre, August–September 1974*, in *Die Zeremonie des Abschieds*, Reinbek 1983, S. 395.

** Reinbek 1969, S. 23.

wichtigen Punkt: der Verpflichtung, dem anderen alles über «Zufallslieben»* zu berichten. Ein zweiter Punkt, die Gegenseitigkeit, machte ihn originell: was kümmerte es Sartre noch, sobald ihm Castor alle Freiheit gelassen hatte, ob sie sich ihrerseits Liebesergüssen hingab? Es war für ihn vielmehr eine Sicherheitsgarantie, ein Faustpfand seiner Freiheit. Übrigens profitierte er viel früher und viel häufiger als sie von dieser Erlaubnis. Was mir während der Zeit, als ich ihre Bekanntschaft machte, wie ein noch nie dagewesenes, aber auf Gegenseitigkeit und Gleichheit beruhendes Abkommen erschienen war, enthüllte sich mir viel später als Trick, den Sartre erfunden hatte, um seine Eroberungsbedürfnisse zu befriedigen, und den zu akzeptieren Simone de Beauvoir gezwungen war. Hinter der umständlichen philosophischen Rechtfertigung verbarg sich eine Form von Erpressung: «Nimm es oder vergiß es!» Und was kann man überdies mit schönem Reden nicht alles erreichen? Auf diesem Gebiet war Sartre unschlagbar. Castor war möglicherweise die erste, die er an der Nase herumgeführt hat.

Während ich diese Zeilen niederschrieb, fragte ich mich plötzlich, wie Simone de Beauvoir ihr sexuelles Verhältnis beschrie-

* *Ibid.*, S. 23 ff.. Ein solches Abkommen hat nach seiner eigenen Logik einen gewissen Voyeurismus zur Folge: was man dem anderen von seinen Spielchen erzählt, wird für diesen zu einem bedeutungsvollen, erregenden Bild. Deidre Bair analysiert den Voyeurismus, den Simone de Beauvoir mit Sartre teilt. Ich glaube überdies, daß die Übereinkunft, sich alles zu erzählen, zu einer Verdoppelung der Gefühle und Erregungen führt: es ist ein Spiel der Spiegel, das oft verzerrt, indem der eine dem anderen das Bild eines passiven «Objekts» zurückwirft, wie man es mit einem Ball tut. Im Inneren einer solchen Beziehung findet eine Übertragung der Gefühle statt. Bestens läßt sich das durch die Art illustrieren, wie Simone de Beauvoir Sartre manipuliert hat, mit mir zu brechen, indem sie mich ihm zunehmend verleidete.

ben hat (worüber sie mit mir nie sprach), und ich nahm mir noch einmal *In den besten Jahren* vor. Zu meiner Verwunderung fand ich dort nichts über ihre Umarmungen. Nichts. Das Schweigen zu diesem für ein Paar so wichtigen Thema, einem so grundlegenden für einen Autor, der über sich selbst berichten will, war mir zur Zeit meiner ersten Lektüre als Zeichen von Zurückhaltung und Diskretion vorgekommen, ganz dem strengen Stil dieser Memoiren entsprechend. Aber im Licht der jüngsten Veröffentlichungen, der *Briefe an Sartre* und des *Kriegstagebuchs*, darf einen der Kontrast schon überraschen. Tatsächlich spricht Simone de Beauvoir, sobald es sich darum handelt, das intime Leben anderer zu enthüllen, ganz ohne Scham über alles und schwelgt in den oft heiklen Details. Häufig erliegt sie sogar der Versuchung auszuschmücken, hinzuzufügen, um die Imagination des Empfängers zu nähren, des armen Soldaten, der die sexuellen Annehmlichkeiten entbehren muß. So erklären sich die Unstimmigkeiten, die Lügen, die ausführlichen Beschreibungen angeblicher Liebesspiele von Castor und ihren Freundinnen. Man kann ihr Schweigen über ihr Sexualleben nicht mehr mit einem sensiblen Schamgefühl erklären, sondern eher damit, daß es alles in allem nicht viel zu erzählen gab. Ich bin mir sicher, daß Simone – die nicht ohne Temperament war – bei ihren ersten körperlichen Kontakten mit Sartre grausam enttäuscht wurde.

Einige Jahre nach ihrem Abkommen von 1929 zog er es schon vor, neue Erfahrungen statt mit ihr mit anderen Frauen oder Mädchen zu sammeln. Zu der Zeit, in der ich Simone de Beauvoir kannte, waren ihre sexuellen Beziehungen so gut wie eingestellt. Ein Indiz für ihre Enttäuschung darüber lieferte sie mir sehr viel später selbst, als wir eines Tages ausnahmsweise einmal über die Vergangenheit sprachen. Ich sagte ihr, daß Sartre ein miserabler Liebhaber gewesen war; statt mir zu widersprechen, wie ich es erwartet hatte, stimmte sie sofort zu und räumte ein, daß er auf diesem Gebiet nicht sehr begabt gewesen sei. Und dabei blieb es wie gewöhnlich, denn die Vergangenheit wog so schwer, es hätte noch soviel dazu zu sagen gegeben, daß man es vorzog zu schweigen. Gleichwohl war diese Zustimmung an sich sehr aufschlußreich, was ihre Beziehung angeht.

Erst bei Nelson Algren, ihrem amerikanischen Liebhaber, lernte Simone de Beauvoir die Liebe kennen; er zeigte ihr, wie sie wirklich ist.* Der Kontrast zwischen dieser Beziehung und der rein intellektuellen, die sie mit Sartre gehabt hatte, ist ergreifend. Ihre Entscheidung, sich von Algren, der sehr in sie verliebt war, loszusagen und bei Sartre zu bleiben, wird dadurch noch erstaunlicher.

Nach diesen Überlegungen zu den ambivalenten Aspekten ihrer Lebensauffassung werde ich meinen Bericht wiederaufnehmen. Der Frühling verlief folgendermaßen: Arbeit während der Woche, sonntags Ausflüge. Meine Zuneigung zu Castor (ich nannte sie zu jener Zeit noch Simone) verstärkte sich täglich, wurde sehr leidenschaftlich; zugleich wuchs meine Begeisterung für die Philosophie. Unsere Beziehung war zärtlich, aber nicht körperlich. Nachdem ich die Abschlußprüfung bestanden hatte, schlug Simone mir eine kleine Rucksackwanderung durch den Morvan vor.

Ich erinnere mich nicht mehr genau an unsere Wanderroute, aber ich rieche noch die feuchte Luft über dieser waldreichen, menschenleeren Berglandschaft. Ich war durchaus sportlich, aber nicht an lange Wanderungen gewöhnt. Wir legten ungefähr zwanzig Kilometer am Tag zurück, was mich große Anstrengung kostete. Simone dagegen war sehr ausdauernd,

* Nelson Algren, amerikanischer Schriftsteller, erscheint als Lewis Brogan in *Die Mandarins von Paris*, Reinbek 1955.

sehr abgehärtet: sie zog mich mit einem Anflug von Ungeduld vorwärts.

Eines Abends kamen wir ziemlich erschöpft in einem kleinen Dorf an, in dem es nur eine armselige *Auberge* gab, und fragten nach einem Zimmer, aber die Besitzerin antwortete uns, sie habe keines und begann uns weinend von ihrem großen Kummer zu erzählen: ihr Sohn sei «als Briefträger fortgegangen», weit weg von ihr. Und sie weinte und weinte. Schließlich zeigte sie uns eine primitive Kammer ohne Elektrizität, notdürftig mit einem Doppelbett und einer verrosteten Schüssel mit Wasserkrug ausgestattet. Als wir uns nach der Toilette erkundigten, machte sie eine weitläufige Geste Richtung Garten. Was das Abendessen betraf, so wollte sie uns nichts geben: wir mußten lange verhandeln, bevor wir ein Omelett und ein Stück Brot erhielten. Im Verlauf dieser Reise nahmen wir, scheu zunächst, eine körperliche Beziehung auf. Nach fünf Wandertagen erreichten wir Vézelay und besichtigten die alten Gebäude. Wir stiegen in einem hübschen, behaglichen Hotel nicht weit von der Basilika ab, in dem man uns herzlich empfing. Nachdem wir uns gründlich gewaschen und uns so fein wie möglich gemacht hatten, gingen wir hinunter in den Speisesaal. Simone machte mir Komplimente zu meinem Kostüm aus rosa Leinen. Am Tag darauf hielten wir uns im Bus, der uns nach Paris zurückbrachte, zärtlich bei der Hand, was einige Reisende zu schockieren schien.

Der Sommer trennte uns. Ich verbrachte ihn mit meiner Familie in Annecy, war aber schon ungeduldig darauf gespannt, mein Studium zu beginnen und auch Simone wiederzusehen. Es war verabredet, daß ich bei Studienbeginn an der Sorbonne die drei Schüler von Sartre treffen würde, die sich ebenfalls in Philosophie einschreiben wollten. Castor hatte mir die Beschreibung übermittelt, die Sartre ihr von seinen Schülern am

Lycée Pasteur gegeben hatte. Was mich angeht, so war ich dank meiner roten Haare leicht zu erkennen. Unsere erste Vorlesung fand in Sainte-Anne statt, da wir uns für den Schein in Psychologie für Psychopathologie entschieden hatten. Wir entdeckten uns sofort in dem abfallenden, wie ein kleines Amphitheater gebauten Hörsaal: der stets düstere, sarkastische Jean Kanapa, Raoul Lévy mit den feuerroten Haaren und Bernard Lamblin mit seiner Ausstrahlung eines schweigsamen, verlorenen Poeten, der aber im Zusammenspiel mit Raoul unwiderstehlich komisch wurde. Da ich drei Jahre später Bernard heiraten würde, könnte man sagen, daß wir in gewissem Sinne die Kinder von Sartre und Simone de Beauvoir waren. Aber diese Zusammenfassung ist gewiß nur ein schlechter Scherz, denn nichts lag ihnen ferner als die Idee, daß ihre Schüler untereinander heiraten sollten, selbst wenn man außer acht läßt, wie sie grundsätzlich über die Ehe dachten.* Von diesem Tag an trennten wir uns nicht mehr. Wir arbeiteten in einer fest verbundenen und leistungsfähigen Gruppe. Wir waren ordentlich organisiert, entschlossen, unser Studium rasch zu beenden, begeistert von philosophischen Erörterungen. Wir erfanden die Gruppenarbeit, die zu jener Zeit an der Sorbonne selten praktiziert wurde; wir tauschten unsere Vorlesungsmitschriften aus, schrieben gemeinsam Referate, gingen abwechselnd in Vorlesungen von minderem Interesse. Wenig später in jenem Jahr zeichneten wir zu dritt eine Arbeit für Paul Guillaume. An der Sorbonne hatte man eine solche Kühnheit noch nie erlebt: Bernard und ich hatten die Seminararbeit geschrieben, da Raoul, bei weitem der Intelligenteste von uns vieren, eine Art Blockade hatte, wenn es darum ging, ein Referat oder eine Hausarbeit zu schreiben. Nachdem uns Paul

* Und doch hat auch Olga später den «kleinen» Bost geheiratet, was – welche Ironie – bedeutet, daß sie *zwei* Paare gezeugt haben.

Guillaume eine sehr gute Note gegeben hatte, ließ er uns in sein Arbeitszimmer kommen und forderte mit aller Strenge Erklärungen. Wir blieben dabei, daß wir zu viert für Konzeption und Abfassung der Arbeit verantwortlich seien, was er schließlich widerwillig gelten ließ, murrte aber, weil wir uns in der Diskussion zu diesem Thema auf die Ideen seines berühmten Buches *La psychologie de la forme* gestützt hatten. Er wiederholte gereizt: «Alle glauben, ich sei Anhänger der Gestaltpsychologie, weil ich ihre Theorie dargestellt habe, aber das ist nicht wahr, ich bin kein Anhänger dieser Ideen!» Uns fehlten die Worte, denn in diesem Punkt waren wir der gleichen falschen Meinung gewesen.

Zu jener Zeit befand sich Sartre, ohne daß wir davon etwas ahnten, in einer schlechten Phase. Im Zusammenhang mit seinem Interesse für alle Fragen, die mit bildlicher Vorstellung zusammenhingen, hatte ihm ein alter Bekannter, Dr. Lagache, vorgeschlagen, er solle nach Sainte-Anne kommen und sich Meskalin, eine ungefährliche, halluzinogene Droge injizieren lassen. Aber zum Erstaunen des Arztes wirkte diese Droge bei Sartre ganz außergewöhnlich: «Die Dinge, die er wahrnahm, verwandelten sich auf erschreckende Weise. Er hatte Geier-Regenschirme gesehen, Skelett-Schuhe, greuliche Fratzen, und neben ihm, hinter ihm wimmelten Krabben, Polypen, grimassenschneidende Wesen.»* Unnötig, auf die literarische Verarbeitung dieser grauenhaften Erfahrungen in Werken wie *Der Ekel* oder *Die Eingeschlossenen von Altona* hinzuweisen. Diese merkwürdigen Halluzinationen erregten eine andauernde Angst und verschwanden nur sehr langsam.

Wir hatten bei Ignace Meyerson ein Referat über die Einbildungskraft übernommen. Unsere geheime Munition bildeten die Thesen des unveröffentlichten Manuskripts von

* Simone de Beauvoir *In den besten Jahren*, Reinbek 1969, S. 180.

L'imaginaire. Sartre, der immer ausgezeichnete Kontakte zu seinen ehemaligen Schülern pflegte und sehr hilfsbereit war, hatte es uns vor der Veröffentlichung zukommen lassen. Ärgerlich war, daß sich unter den Psychologen, die Sartre mit scharfer Feder vernichtend kritisiert hatte, ausgerechnet auch Meyerson befand, der in einem Artikel über die Imagination geschrieben hatte, daß ein «neuer Bereich der Assoziation entgangen ist», was folgendermaßen kommentiert wurde: «Als ob die Aufgabe des Psychologen darin bestünde, der Assoziation Neuland abzugewinnen, Polder!» Als ich das Referat hielt, wurde das lange, bleiche Gesicht unseres Professors noch ein wenig hohler, da ich aber zum Saal hin sprach, bemerkte ich es nicht. In der dann folgenden Diskussion lernten wir seine Großmut ermessen: Es wäre ihm ein leichtes gewesen, uns in die Hölle zu verbannen, er tat es aber nicht, obwohl wir die von unserem Meister geerbte Leichtfertigkeit und Arroganz bewiesen hatten.

Wenn ich mich übrigens heute an jene scheinbar brillante Zeit erinnere, in der wir die Sorbonne-Öffentlichkeit aus der Fassung brachten, indem wir zu viert dahermarschierten wie zu einer Schlacht, und in der ich durch mein Auftreten, meine kühne Kleidung und meine drei Leibwächter viele erstaunte Blicke auf mich zog – wenn ich mich daran heute erinnere, dann mit einer gewissen Scham.

Ich war von einem Arbeitseifer und einer Freude erfüllt, die gleichermaßen meinem Interesse für meine Studien und den neuen Erfahrungen in meinem Leben als Studentin ensprangen. Wenn ich dem Zeugnis ehemaliger Kommilitonen, die zu Freunden geworden sind, glauben kann, so war ich zungenfertig, kokett und brillant. Zugleich waren wir alle vier so von den «revolutionären» Ideen der Phänomenologie Sartres durchdrungen, daß wir uns erlaubten, manche unserer Professoren an der Sorbonne zu verachten, ihre Kurse zu schwänzen oder uns über sie lustig zu machen, ohne zu bemerken, daß wir wichtiges Wissen und Kontakte verscherzten.

Meine Beziehungen zu meinen «kleinen Kameraden» (wir hatten beschlossen, uns untereinander so zu bezeichnen) hatten nicht nur einen universitären Aspekt und betrafen nicht nur die Arbeit. Wir waren solide miteinander befreundet und konnten uns intellektuell vertrauen. Wir entdeckten miteinander Theaterstücke, Gemäldeausstellungen und vor allem den ersten richtigen Filmklub, den von Langlois, im Musée de l'Homme. Der Klub steckte noch in den Kinderschuhen, wie auch sein Vorführer, der nur jedes zweite Mal erschien und stammelnd mitteilte, daß wir statt des angekündigten Films nochmals *Die kleine Zündholzverkäuferin* von Jean Renoir sehen würden! In diesem herrlichen kleinen Saal im fünften Stock des Museums haben wir so den russischen Film entdeckt: *Panzerkreuzer Potemkin* von Eisenstein und *Sturm über Asien* von Pudowkin, den ich als überzeugend in Erinnerung behalten habe. Wir bewunderten die großen Werke von Griffith: *Die zerbrochene Lilie*, *Geburt einer Nation* und *Intoleranz*. Wir zitterten in *Nosferatu* und ergötzten uns an Buster Keatons Witz. Nur an diesen Mittwochabenden erlaubte mir mein Vater auszugehen. Er war um meine Gesundheit immer sehr besorgt gewesen und behauptete, wenn man tagsüber arbeite, müsse man sich früh schlafen legen. Nach dem Kino tranken wir dennoch in einem der Cafés an der place du Trocadéro ein Glas.

Kanapa war um mich herumgestrichen, und wir begannen zu flirten, doch weiter entwickelten sich die Dinge zwischen uns nicht. Raoul Lévy dagegen war mein erklärter Freier. Er verkümmerte zusehends, denn obwohl ich sehr mit ihm befreundet war, ihn schätzte und bewunderte, konnte ich mir nicht ausmalen, daß er mich berührte. Er war sehr unglücklich, zumal ich ihn oft ins Vertrauen zog, was meine Liebe zu

Castor und später dann zu Sartre betraf. Ich war gedankenlos und wirklich gemein. Wenn ich heute daran denke, habe ich Gewissensbisse: ich kann mir ein solches Verhalten nur durch mein ständiges Kokettieren inmitten der Jungen und damit erklären, daß meine Erfolge mir zu Kopf gestiegen waren. Was Bernard Lamblin angeht, so blieb er schweigsam, fast neutral; er benahm sich freundschaftlich, machte mir aber keine Avancen, und, ach ja, ich dachte nicht viel an ihn.

In den *Lettres à Sartre* erwähnt Castor die häufigen Begegnungen zwischen ihr und mir, Raoul, Bernard und Jean. Im übrigen hatte sich Sartre um Jean Kanapa gekümmert, der eine Zeitlang ernstlich deprimiert gewesen war. (In langen Diskussionen suchten wir zu klären, ob es philosophisch legitim sei, jemanden, der sich verweigerte, mit Gewalt zu einem Psychiater zu schleppen!) Die Konsequenzen der Theorie der Freiheit drohten unseren armen Freund in eine echte Geisteskrankheit zu stürzen. Zum Glück siegte der gesunde Menschenverstand, und Jean fand sein Gleichgewicht wieder. Nach der Okkupation trat er der kommunistischen Partei bei, in der er eine lange, ruhmreiche Karriere machte.

Sartre sah ich zum erstenmal, als ich Simone eines Tages eine Frage zu den Thesen in *Das Imaginäre* gestellt hatte und sie erst etwas zögerte, dann aber sagte: «Warum läßt du dir das nicht von Sartre selbst erklären? Er arbeitet im *Café des Mousquetaires*, avenue du Maine, ganz nah von hier.» Als ich dort ankam, durchmaß ich mit den Augen den fast leeren Raum dieses ein wenig düsteren Cafés und entdeckte am Fenster zur Straße hin einen Mann, der schrieb und mich sehr freundlich empfing. Er trug eine Art blauverwaschenes T-Shirt von fraglicher Sauberkeit. Sein unschönes Gesicht war von zahlreichen schwarzen Punkten übersät, aber schließlich war ich wegen einer philosophischen Frage gekommen und nicht, um ihn anzuschauen. Er antwortete mir freundlich und mit pädagogischer Klarheit, das war die Hauptsache. So nahm ich zunächst den Mann wahr, der im Leben meiner Freundin so wichtig war und es für mich einige Monate später werden würde.

Für die Weihnachtsferien 1938 hatte ich mir ein Zimmer in der Jugendherberge reserviert, die auf halber Höhe am Hang des Mont d'Arbois unterhalb von Saint-Gervais lag. Ich war Mitglied im Verein der Jugendherbergen und wohnte gelegentlich in einer, aber dieses Mal wollte ich meine Universitätsferien dort verbringen, um Ski zu fahren, mein Lieblingssport. Simone hatte mir ihrerseits die Adresse des kleinen Hotels in Megève genannt, wo sie und Sartre gewöhnlich die Winterferien verbrachten. Wir hatten vereinbart, uns dort zu treffen: ich müßte nur die Drahtseilbahn bis zum Gipfel des Mont d'Arbois nehmen und dann auf Skiern nach Megève hinunterfahren. Und das tat ich auch. Wir fuhren zwei-, dreimal gemeinsam Ski. Sie waren nicht sehr geübt, weder sie noch er; ich war an den Schnee mehr gewöhnt, da ich diesen Sport seit meiner Kindheit ausgeübt hatte, aber meine Technik war noch unzureichend.

Eine Erinnerung verbindet sich mit diesem sportlichen Treiben. Als wir eines Nachmittags in ihr Zimmer zurückgekehrt waren, um uns zu trocknen und aufzuwärmen, zogen wir unsere groben Schuhe aus und legten die Füße auf den Heizkörper. Ich stellte Sartre eine Frage zu Spinoza: seine Antwort verwandelte sich in einen langen Vortrag über Spinozas Denken, das er vorzüglich kannte, während Simone damit nicht sehr vertraut war. Die Silvesternacht verbrachte ich mit ihnen, und da ich in der Nacht nicht wieder auf den Gipfel des Mont d'Arbois gelangen konnte und im Hotel kein Zimmer mehr frei war, schlugen sie mir freundlicherweise vor, ich solle in ihrer Badewanne schlafen. Das war nicht sehr bequem, aber ich hatte ein Obdach. Ich weiß noch, daß ich ihnen morgens, als ich das Badezimmer verließ, ein glückliches neues Jahr wünschte, was sie zunächst sehr verwunderlich, dann aber charmant fanden.

Von dieser zugleich bergsportlichen und philosophischen Begegnung datiert meine Beziehung zu Sartre. Von diesem Moment an machte er mir eifrig den Hof, und wir begannen zusammen auszugehen. Ich war etwas über siebzehn, und er war vierunddreißig. Damals fand ich es ganz natürlich, daß er sich um mich bemühte, und sah nichts Schlimmes darin. Heute begreife ich das Manöver besser: es gab da eine echte Komplizenschaft mit Castor, die sehr wohl die Eroberungsbedürfnisse ihres Gefährten kannte. Wenn sie hätte verhindern wollen, daß ich zum Objekt von Sartres Bemühungen wurde, hätte sie mich nicht zunächst ins Café des Mousquetaires geschickt und danach nicht unser Treffen in Megève arrangiert. Jetzt glaube ich, daß sie nicht nur zuließ, daß Sartre sich in junge Mädchen verliebte, sondern sie ihm einige davon selbst vorstellte. Ich glaube, daß er sich bereits von ihr entfernte, zumindest in sexueller Hinsicht, und daß sie so, durch Stellvertreterinnen, eine andere Verbindung zu ihm herstellte. So glaubte sie, die neue Liebesbeziehung ihres Partners kontrollieren zu können, indem sie eine Art Kompromiß zwischen dem Wortlaut ihres Paktes – in Liebesdingen eine totale Freiheit zu akzeptieren – und ihrer latenten Besorgnis fand.

Im Verlauf des Winters 1939 und während des folgenden Frühlings machte mir also Sartre den Hof und schien sehr verliebt zu sein. Wir trafen uns in Cafés, wir gingen zusammen aus. Da es sehr kalt war, trug er einen beigefarbenen Plüschmantel, dessen Gürtel ihn komisch einschnürte: ich hatte ihn «mein Bär» getauft. Er seinerseits gab mir alle möglichen Namen von Tieren und Insekten. Selbstverständlich läßt der Name Bienenfeld sofort an Bienen denken. Ich war folglich «meine Affen-Biene», ein Spitzname, den er mir in mein Exemplar von *Die Wand* geschrieben hatte; im vorausgegangenen

Jahr hatte er *Der Ekel* mit der Widmung «Dem Feld der Bienen, ehrerbietig» versehen. Manchmal verglich er mich, nicht gerade schmeichelhaft, mit einer Spitzmaus. Ich fühlte mich von seinem Charme, seinem Witz, seiner Liebenswürdigkeit und seiner Intelligenz sehr angezogen. Ich achtete nicht mehr auf seine Häßlichkeit, es schmeichelte mir, daß ein Mann wie er sich um mich bemühte. Sogar die Tatsache, daß er viel älter war als ich, sprach für ihn. Er gab sich große Mühe, mich zu verführen, und es gelang ihm. Ich glaube, daß mich hauptsächlich seine Aufmerksamkeit gerührt hat. Niemand, und schon gar kein Romanautor, hatte mir je gesagt, ich hätte schöne Augen, oder daß meine etwas gebeugte Haltung (mein armer Vater hatte mich unermüdlich getadelt, weil ich mich nicht geradehielt) rührend sei und ihm gefiele. Sartre erschien mir als Meister in der Sprache der Liebe, fesselnd und voll überraschender Bilder. Er begnügte sich nicht damit, über seine Liebe zu «sprechen», sondern war zugleich ein Führer, ein Mentor. Als wir zum Beispiel in einer Galerie im Faubourg Saint-Honoré eine Ausstellung mit Bildern von Cézanne besuchten, erklärte er mir ausführlich, wie der Maler, vom Impressionismus ausgehend, den dargestellten Motiven hatte Gewicht und Volumen geben wollen. Ich akzeptierte Sartres Überlegenheit mühelos, denn wenn er vorgab, mich bilden zu wollen, so geschah das immer liebevoll.

Als wir eines Tages auf dem Montmartre spazierengingen, auf den alten, gelockerten Pflastersteinen, und die Dorfatmosphäre kosteten, die dort fortbesteht, machten wir bei einem kleinen Café ländlichen Stils halt, dessen Fassade rot gestrichen war und das mit einem großen Ofen geheizt wurde. Es wurde zu einem der Fixpunkte unserer Liebe, weil sich Sartre dort deutlich erklärte. Einundfünfzig Jahre mußten vergehen, bevor ich entdeckte, daß dieses rote Café einer seiner bevorzugten Orte war und daß er auch andere Frauen hinführte. In jenem Jahr hörte man auch oft einen deutschen Schlager, *Bei mir bist du schön!*, den wir zu summen pflegten. Sartre hatte erklärt, dies sei *unser* Fetisch-Lied. Kurz, so wie der Kellner den Kellner spielt, spielte Sartre den perfekten Verliebten. Seine Qualität als Philosoph, seine Reflexionen über die Beziehungen zwischen Bewußtsein und dem Anderen, änderten nichts an einem insgesamt sehr banalen Verhalten. Seltener kam in diesem Szenario die Rolle vor, die Castor spielte: sie war seine Komplizin, doch darüber hinaus wirkte ihr emotionales Gewicht zugleich als Anreiz und als Warnung. Das absolute Vertrauen, das ich in sie hatte, schien mir die Gediegenheit der Liebe Sartres zu garantieren.

Ich führte also ein doppeltes Gefühlsleben, das zugleich eine Einheit war: einerseits war ich verführt von Sartres Aufmerksamkeit und Zuvorkommenheit und daran interessiert, andererseits bestand meine Leidenschaft für Castor fort. Wir bildeten ein Trio. Simone de Beauvoir behauptet in den *Lettres à Sartre* wiederholt, ich hätte mir nur eingebildet, wir bildeten ein Trio, weil ich gern dasjenige kopiert hätte, das sie mit Olga Kosakievicz errichtet hatten und in ihren Romanen beschrieben. So versucht Simone de Beauvoir, den Schaden herunterzuspielen, den sie mir zugefügt hat, indem sie mir den Fehler zuschreibt, an die Existenz einer Dreiecksbeziehung geglaubt zu haben. Der indirekte Beweis für diese Wahrheitsverfälschung findet sich übrigens in dem Text, den Deirde Bair nach den Vorgaben Simone de Beauvoirs geschrieben hat: «Bianca war bald von Sartre fasziniert, der im Sommer 1939 eine kurze Affäre mit ihr begann, sie jedoch bald wieder fallenließ, da ihre Launenhaftigkeit ihn störte. Wie immer in solchen Fällen benutzte er Simone de Beauvoir als Schutzschild, um sich Bianca zu entziehen. Gleichzeitig mochte er nicht auf den spielerischen Reiz zu verzichten, die Beziehung auf brieflicher Ebene fortzusetzen: Mehrere Jahre lang beteuerte er ihr schriftlich seine unsterbliche Liebe, wobei er aber jedesmal zur Sicherheit betonte, daß Castor seine Gefühle für sie teile. [...] Sie [Bianca] bemühte sich verzweifelt, den Platz bei ihnen einzunehmen, den Olga während der Jahre in Rouen innehatte. Doch ob die beiden nun solcher Spielchen überdrüssig waren oder ob die Erfahrung mit Olga sie eines Besseren belehrt hatte, waren sie sich jedenfalls darin einig, daß sie mit Bianca kein zweites Trio beginnen wollten.»* Nun bin ich ganz sicher: Nie hätte ich selbst eine so seltene und komplexe Konfiguration erfinden können. Ich war dazu in Liebesdingen viel zuwenig raffiniert. Zudem versichert Sartre wiederholt in seinen Briefen an mich (veröffentlicht als Briefe an «Louise Védrine»), daß wir drei sind, die sich lieben: «Aber eines weiß ich auf jeden Fall genau, nämlich, daß *unsere* Zukunft *Deine* Zukunft ist; es gibt keinen Unterschied – und daß der Castor in einer Welt lebt, wo zugleich Du überall anwesend bist.»** Ein wenig später in jenem Sommer 1939 schreibt er mir weiter: «Verstehst Du, mon amour, selbst wenn es Krieg gäbe, gäbe es ein *Danach* für uns drei.»***

Es ist gut möglich, daß Sartre viel leichtfertiger war als Castor, die sich stets mit größerer Zurückhaltung engagierte ... Es erscheint als normal, daß er wegen Castors Zuneigung zu mir keine Eifersucht empfand, während sie in einigen ihrer Briefe zeigt, daß sie eifersüchtig auf mich ist; was auch erklärt, daß sie versucht hat, vor Deirdre Bair unser Abenteuer zu dritt fast zu einem Nichts zu reduzieren. Daß aber das Trio, diese akrobatische Konstruktion, von Sartre und Simone de

* Deidre Bair *Simone de Beauvoir*, München 1992, S. 258. Die Initialen D.B. bezeichnen mich in der französischen Übersetzung des Buches von Deirdre Bair.

** Jean-Paul Sartre *Briefe an Simone de Beauvoir und andere*, Bd. 1, Reinbek 1984, S. 238.

*** *Ibid.*, S. 279.

Beauvoir feierlich verkündet wurde und ich an seine Existenz glaubte, das ist nicht zu leugnen.

Ich glaubte so fest daran, daß ich eines Tages im Frühling 1939 während eines gemeinsamen Spaziergangs mit Castor in Paris, als wir uns auf einem Trödelmarkt neben der port de Vanves befanden, eine Art Vision hatte, eine plötzliche Intuition, die sich meiner bemächtigte – die Intuition, mein Leben sei endgültig festgelegt, alles sei gesagt, mir würde nie wieder etwas Wichtiges passieren können. Diese Vision machte mich betroffen und erfüllte mich mit Angst. Da ich erst achtzehn Jahre alt war, wirkte dieses unflexible, bereits vorgezeichnete Schicksal wie eine Bedrohung. Ich hatte den Eindruck, die Gefangene des Trios zu sein. Sofort erzählte ich das Castor, die, zweifellos sehr peinlich berührt, kein Wort dazu sagte.

Nach einigen Wochen, in deren Verlauf Sartre mir eifrig den Hof machte, stellte sich die Frage, ob wir unsere Liebesbeziehung physisch «vollziehen» sollten; oder vielmehr stellte er diese Frage. Ich für meinen Teil hatte weder Verlangen danach noch Einwände dagegen; vielleicht habe ich immerhin das Beben einer neuen Erfahrung verspürt. Es wäre mir absurd und schäbig vorgekommen, mich zu verweigern. Wir legten also einen Tag fest, einen Tag, den ich nie vergessen werde. Wie ich schon sagte, wohnte Sartre im selben Hotel wie Castor in der rue Cels. Wir gingen zu Fuß die avenue du Maine hinauf und näherten uns der rue Froidevaux, als er in amüsiertem, selbstgefälligem Ton sagte: «Das Zimmermädchen des Hotels wird ziemlich erstaunt sein, wo ich doch erst gestern einem jungen Mädchen die Jungfräulichkeit genommen habe.» Innerlich bebte ich, aber ich sagte und tat nichts: jede andere hätte auf dem Absatz kehrtgemacht und wäre nie wieder zurückgekommen. Und doch bin ich nicht schüchtern und im allgemeinen schlagfertig. Aber in diesem Fall, gerade weil die Kränkung schwerwiegend, die

Vulgarität so offenkundig war, blieb ich stumm. Daß ich auf ein so ungehobeltes Benehmen nicht reagiert habe, wird mich immer erstaunen, wie auch die Tatsache, daß Sartre diese Art von Einführung für angebracht hielt.

In seinem Zimmer angekommen, zog er sich fast vollständig aus und begann seine Füße im Waschbecken zu waschen, wozu er einen Fuß nach dem andern anhob. Ich hatte ihn verschüchtert gebeten, die Vorhänge ein wenig zuzuziehen, um das Licht zu dämpfen, was er trocken ablehnte – was wir tun würden, sagte er, sollte bei Tageslicht getan werden. Um mich auszuziehen, flüchtete ich mich hinter den Vorhang einer Garderobe: es war ein bewegendes, einschüchterndes Erlebnis für mich, zum erstenmal nackt einem Mann gegenüberzustehen. Ich hatte nur meine Perlenkette anbehalten, was meinem Partner unglücklicherweise mißfiel: er machte sich über mich lustig, weil ihm diese allerletzte Zierde lächerlich kindlich vorkam, oder vielleicht war er gereizt, weil es sich um echte Perlen handelte und Sartre vom Metier meines Vaters eine geringe Meinung hatte – ich weiß es nicht. Ich war verunsichert und verstand nicht, warum er seine gewohnte Liebenswürdigkeit aufgegeben hatte; es war, als wollte er etwas in mir mißhandeln (aber auch in sich), als leite ihn ein destruktiver Zwang und nicht das natürliche Verlangen, glückliche körperliche Beziehungen aufzunehmen.

Ich spürte wohl, daß er unfähig war, sich körperlich gehenzulassen, sich einem sinnlichen Gefühl hinzugeben. Seine stets wachsame Intelligenz zerschnitt alle Verbindungen zwischen seinem Verstand und seinem Körper. Zweifellos war ihm alles Körperliche fremd. Die Erfahrung, die ich an jenem Tag machte, erinnert mich an den Abscheu, der später geschriebenen Texten entströmt: wie Mathieu in *Die Wege der Freiheit*, während er an den Embryo denkt, der sich im Bauch seiner Freundin entwickelt (und den sie beschlossen haben zu beseitigen), einen befremdlichen Vergleich anstellt zwischen einem kleinen Jungen, der ihn beobachtet hat, und diesem Anfang von Leben, den er in die Finsternis zurückverwiesen hat: «Es war noch nicht lange her, daß der Knirps aus einem Bauch gekommen war, und nun sah man ihn; er war da, unbestimmt, winzig, er hatte noch das ungesund Sämige von etwas Erbrochenem; aber hinter den trüben Säften, die seine Augenhöhlen anfüllten, hatte sich ein gefräßiges kleines Bewußtsein auf die Lauer gelegt. [. . .] Es mußte schnell gehen, denn die Blase wurde dicker, sie machte inzwischen dunkle Anstrengungen, sich loszureißen, um aus der Finsternis auszubrechen und dem da ähnlich zu werden, diesem blassen, weichen Saugnäpfchen, das die Welt in sich einsaugte.»* Dieser Text war 1939 noch nicht erschienen, aber mein Kontakt mit Sartre ließ mich ahnen, daß sein Verhältnis zu seinem Körper und dem anderer blockiert war. Vielleicht war der Abscheu vor dem Leib der Rest eines protestantischen Erbes. Oder vielleicht ging sein Selbsthaß eher auf den Tag zurück, an dem er seine Häßlichkeit entdeckt hatte. In *Die Wörter* erzählt er, wie das blonde, vergötterte Kind sich durch drei Scherenschnitte in ein Monstrum verwandelte: «Es gab Geschrei, aber keine Küsse, und meine Mutter schloß sich weinend in ihrem Zimmer ein. Man hatte ihr Töchterchen gegen einen kleinen Jungen vertauscht. Schlimmer noch: solange die schönen Locken um meine Ohren schaukelten, war es ihr möglich gewesen, die Evidenz meiner Häßlichkeit zu leugnen. Doch mein rechtes Auge trat bereits in die Schattensphäre ein. Sie mußte sich die Wahrheit eingestehen. Selbst meinem Großvater schien es die Sprache verschlagen zu haben; man hatte ihm seinen kleinen Schatz anvertraut, er hatte eine Kröte zurückgegeben . . .»** Diese Häßlichkeit Sartres war offensichtlich, aber er inszenierte sich

* Jean-Paul Sartre *Zeit der Reife*, Reinbek 1987, S. 49.
** Jean-Paul Sartre *Die Wörter*, Reinbek 1968, S. 60.

immer so, daß man es nicht bemerkte, indem er zum Goldmund wurde, aus dem eine Flut von scharfsinnigen, unerhört intelligenten Worten sprudelte. Sobald man ihm zuhörte, schaute man ihn nicht mehr an. Sein Körper war ihm nur nützlich, weil dieser Mund dazugehörte, der imstande war, Wahrheiten, Schmeicheleien und Lügen auszustoßen.

Freilich war ich völlig verkrampft und erstarrt. Keine emotionale Wärme entspannte die Situation, keine wirklich spontane Geste. Ich hatte den Eindruck, daß dieser Mann einem vorgefertigten, erlernten Programm folgte. Als würde da ein chirurgischer Eingriff vorbereitet, den ich nur über mich ergehen zu lassen brauchte. Dennoch kam es an diesem Tag zu nichts: ich ließ es nicht geschehen, trotz der angestrengten Mühen meines Partners. Also forderte Sartre es sich ab, mir die Anatomie und Physik der Liebe zu erklären wie ein Naturkundelehrer. Er staunte sogar darüber, daß ich nach den Kontakten mit Castor nicht besser vorbereitet war. An den folgenden Tagen gelangte er an sein Ziel, aber was mich anging, war die Frigidität fest etabliert und wich nicht mehr, solange wir miteinander verkehrten.

Dieser jämmerliche Anfang erinnert mich an die einfältige kopflose Frau in dem wunderbaren Gedicht *Hochzeitsnacht* von Henri Michaux: «Wenn Sie am Hochzeitstag, heimgekehrt, Ihre Frau für die Nacht in einen Brunnen tauchen, ist sie verblüfft. Sie hatte recht, wenn sie immer ein wenig beunruhigt war . . . Sieh an, sieh an, sagt sie sich, das also ist die Ehe. Deshalb machte man um die Gepflogenheiten so ein Geheimnis. Da habe ich mich hereinlegen lassen. Doch verärgert, wie sie war, sagte sie nichts.»* Sartres Mischung aus Brutalität, ungehobeltem Benehmen, körperlicher Kälte, Pedanterie und Philistertum nahm mir für lange Zeit jede Chance, eine nor-

* Henri Michaux *La nuit remue*, Paris 1935, p. 32.

male sexuelle Befriedigung zu finden. Die ganze Liebe von Bernard war nötig, seine ganze Wärme und Geduld, damit ich den Schock dieser ersten katastrophalen Erfahrung überwinden konnte.

Meine Freundschaft mit Castor (ich fand mich schließlich damit ab, sie so zu nennen, denn sie mochte den Vornamen «Simone» nicht, weil ihre Familie ihn verwendete) blieb bestehen, mit guten und weniger guten Phasen. Damals kam mir nicht in den Sinn, daß ihre Launen, die ich hinnehmen mußte, in Zusammenhang mit der idyllischen Affäre standen, die ich mit Sartre führte. Obwohl es ihr dank des arglosen Vertrauens, das ich ihr schenkte, gelungen war, die Kontrolle über das Trio zu behalten, hatte sie manchmal Anfälle von Eifersucht, und zumindest ein Teil ihrer Launenhaftigkeit, unter der ich litt, rührte von ihrer undeutlichen Furcht her, Sartre könnte eine neue Bindung eingehen.

Dennoch waren unsere Beziehungen nicht nur negativ. Nach und nach erneuerten wir unser körperliches Verhältnis, was mir viel Lust bereitete und mich faszinierte. Im Gegensatz zu Sartre war sie tröstlicherweise zu Hingabe fähig. Sie schien froh zu sein, mich zu sehen und mit mir zu sprechen; sie wirkte alles andere als kalt. Ihre Zärtlichkeit schien echt zu sein. Natürlich trug zur Unausgewogenheit unseres Verhältnisses, die schon durch den Altersunterschied bedingt war, ihre konstante Herrschsucht bei. Sie versuchte mich nach den Ideen zu formen, die sie und Sartre sich zu eigen gemacht hatten. Doch in ihren Augen war ich nie anpassungsbereit genug; ich behielt meinen kritischen Verstand.

Zum Beispiel warf ich ihr vor, sie befolge ihre eigenen Prinzipien nicht: da sie mir gesagt hatte, sie verspüre für Olga keine freundschaftlichen Gefühle mehr, machte ich es ihr zum Vorwurf, daß sie Olga weiterhin «aus einem Rest von Mitleid» heraus traf; das heißt, ich konfrontierte sie mit dem Widerspruch zwischen ihren erklärten Moralvorstellungen und ihrem Handeln. Das Ergebnis ließ nicht auf sich warten: ihre Wut richtete sich gegen mich. Allgemeiner betrachtet, kam mein Unbehagen dadurch zustande, daß ihr Leben zu kompliziert war, zu viele unterschiedliche Bindungen umfaßte. Vielleicht verlangte ich auch nur, daß die Versprechen, mit denen ich überhäuft worden war, im Prinzip eingehalten wurden; und wenn Simone de Beauvoir an alle die Schwüre dachte, die sie nicht zu halten gedachte, mußte ihr leicht schwindlig werden. «Man muß sie ernst nehmen, wissen Sie, von jedem Versprechen, das man ihr macht, verlangt sie, daß es eingehalten wird.»*

Simone de Beauvoir war offen egoistisch. Wenn es um ihr Vergnügen ging, war sie durch nichts davon abzubringen. Anfang Juli 1939 hatte ich zum Beispiel eine größere Operation hinter mir. In den Tagen nach dem Eingriff hatte ich starke Schmerzen. Simone de Beauvoir kam mich in der Klinik besuchen, und voll Ärger, weil das Eintreffen meiner Eltern sie gestört *(sic)* hatte, schreibt sie: «Ich bin anderthalb Stunden in der Klinik geblieben. Védrine war bei guter Gesundheit und sehr lieb, aber die Mutter wich nicht von der Stelle, boshaft und absichtlich. Als der Vater und die Schwester aufkreuzten, machte ich mich aus dem Staub und kam mit etwas Verspätung ins *Flore*, wo ich mich über Védrine amüsiert habe, was sehr gut ankam.»** (Bei Olga Kosakievicz.) So kamen gewisse Charakterzüge Castors zum Vorschein: ihre Weigerung zu verstehen, daß es ganz natürlich ist, wenn Eltern ihre operierte Tochter besuchen; sobald deren Gegenwart ihr lästig wird, reagiert sie gehässig. Zweitens ihre Vulgarität und Niedertracht, die sie dazu bringt, sich für die Anwesen-

* Simone de Beauvoir *Lettres à Sartre*, Paris 1990, Band I, p. 255.
** *Ibid.*, p. 74.

heit meiner Eltern zu rächen, indem sie mich vor Kosakievicz und Bost lächerlich macht und genüßlich irgend etwas erzählt, um ihre Freunde auf meine Kosten zum Lachen zu bringen.

Um die Situation Anfang Juli 1939 ermessen zu können, muß man wissen, daß sie wenige Tage nach diesem Krankenhausbesuch zu Bost abreiste. Sie und Sartre hatten sich eine hübsche Lüge ausgedacht, die für Olga, Wanda und mich bestimmt war. Angeblich reiste Castor nach La Pouèze zu «dieser Dame» (Madame Morel, eine reiche Freundin des Paars). Sylvie Le Bon erläutert nachsichtig in einer Fußnote: «Simone de Beauvoir schickte sich an, Bost zu besuchen, der in Amiens seinen Militärdienst ableistete. Möglichst sollten weder Olga noch Louise Védrine davon wissen. Andererseits konnte sie auch nicht behaupten, sie sei bei Sartre in Saint-Fargeau, in der Nähe von Saint-Sauveur, denn Wanda war sehr eifersüchtig.»*

Ich sollte mich erholen, und meine Mutter, meine Schwester und ich fuhren nach La Clusaz, oberhalb von Annecy, in die Berge. Ende Juli schrieb mir Sartre, der zur Zeit meiner Operation nicht in Paris gewesen war, um mich wegen Castors Abreise zu trösten: «Mon amour, ich weiß nicht recht, was ich Dir sagen soll über die Abreise von Castor. Aber eines weiß ich

* Simone de Beauvoir *Lettres à Sartre*, Gallimard, 1990, Band I, p. 71, Fußnote 1. In jenem Jahr war J.-L. Bost Simone de Beauvoirs Liebhaber, aber auch Olga Kosakievicz war in Bost verliebt. Wanda war die amtierende Geliebte von Sartre; Louise Védrine bin ich. Sartre verbrachte gewöhnlich im Sommer einige Tage bei seiner Mutter, die er liebte, und seinem Stiefvater, den er verabscheute, in Saint-Fargeau. Madame Morel («diese Dame») war eine treue Freundin des Schriftstellerpaares. Ihr sehr reicher Ehemann besaß ein schönes Haus und Land in La Pouèze, nahe bei Angers, sowie eine Villa in Juan-les-Pins. Dort empfing sie mit Pracht und Würde ihre Freunde.

auf jeden Fall [. . .], daß der Castor in einer Welt lebt, wo zugleich Du überall anwesend bist.»* Im Augenblick wollte er mich vor August noch sehen, und er kam mich für vier Tage in La Clusaz besuchen. Meine Mutter war über sein Kommen sehr verärgert, aber was konnte sie schon tun? Sartre wohnte in einem anderen Hotel, tagsüber gingen wir in den Bergen spazieren. Mama war gegen die Anwesenheit meines Freundes machtlos. Schließlich liefen die Dinge nicht gar zu schlecht, doch nach diesen glücklichen Tagen würde er sich mit Wanda treffen und danach Castor aufsuchen, die sich bei Madame Morel in deren herrlicher Villa in Juan-les-Pins aufhielt. Ich begleitete ihn bis nach Annecy. Ich nahm traurig von ihm Abschied, und bevor sein Autobus verschwand, machte ich zwei Fotos von Sartre auf einer Bank am Seeufer.

Die Briefe, die er mir während des Sommers schrieb, wie auch jene, die ich während der ersten Monate, in denen er Soldat war, erhielt, hat Simone de Beauvoir in dem Band *Briefe an Simone de Beauvoir und andere* veröffentlicht. Diese Briefe sind innig, zärtlich, voller Versicherungen seiner Zuneigung und der Liebe Castors, zu deren Sänger er sich bereitwillig machte.

In seinem Brief vom 4. August aus Marseille unternimmt es Sartre, mir eine Lektion in Philosophie zu erteilen, oder er bemühte sich vielmehr wie so oft, meine grundlegenden Schwächen zu korrigieren: «Wir waren uns dann einig, daß Du Deinem Rationalismus mißtrauen solltest, weil Du die optimistische Tendenz hast, zu glauben, es gäbe rationale Verhaltensweisen angesichts irrationaler Gegenstände.»** Die Briefe Sartres sind voll detaillierter, oft unnützer Beschreibungen dessen, was er getan, gesagt und vor allem gesehen hat.

* Jean-Paul Sartre *Briefe an Simone de Beauvoir und andere*, Bd. 1, Reinbek 1984, S. 238.
** Jean-Paul Sartre *Ibid.*, S. 256.

Manchmal findet man philosophische Überraschungen darin: «Danach waren wir unter den Platanen der Place de la Préfecture auf der Terrasse eines Cafés, das *Pélican* heißt. Es war Nacht, eine milde Nacht ohne Gaslaternen, die sich aus den Bäumen herabsenkte, man hörte die Leute leben, aber man sah sie nicht, es war kühl, es war ganz poetisch, und wir haben über die philosophische Wahrheit gesprochen und wurden existentiell . . .»* Was bedeutet «existentiell werden»? Ich weiß es noch immer nicht. Um den Stil dieser Briefe und den Jargon, den Sartre und Simone de Beauvoir benutzten, wie auch die Art der Fragen, die sie sich stellten, beurteilen zu können, muß man wissen, daß es in ihren Gesprächen von Ausdrücken dieser Sorte wimmelte. Ich nahm zum Beispiel an einer Diskussion über ihre Entscheidung teil, keine Kinder zu haben. Wie war sie zu rechtfertigen? «Und wenn alle es so machten wie wir?» Tatsächlich hat Kant die Philosophen gelehrt, daß die «Maxime» jeder Handlung, soll sie moralisch sein, allgemein gültig sein muß. Somit stand ihr Denken, trotz des amoralischen Anscheins, noch immer unter dem Einfluß von Kant! Aber den Gipfel dieser Überlegung stellte die geradezu entrüstende Schlußfolgerung dar: «Aber wenn nach unserem Beispiel niemand mehr Kinder hat, dann gibt es in der Zukunft ja keine Leser mehr, weder für unsere Bücher noch für die der anderen!» Sie waren darüber höchst bestürzt.

Sartre schmückte übrigens gern gewisse Alltagssituationen aus. Als wir eines Tages bei kühlen Getränken auf einer Caféterrasse saßen, bestellte er ein Perrier mit einer Scheibe Zitrone. Da ich ein anderes Getränk bevorzugte, begann er mir zu beweisen, daß Perrier Strenge, Herbheit, Reinheit enthalte, kurz einen Wert. Diese Angewohnheit zu sprechen, um nichts als Albernheiten zu sagen, praktizierte Sartre mit großem Ta-

* *Ibid.*, S. 256.

lent, als eine Art brillanter intellektueller Gymnastik, bei der er seine Selbstzufriedenheit auf die Spitze treiben konnte.

Er improvisierte auch gern. Er hatte eine Einladung von Gabriel Marcel angenommen, einen Vortrag über den *Eid* zu halten. Aber er hatte keine Zeit gehabt, über dieses Thema nachzudenken. Im Taxi, das uns in die rue de Tournon brachte, in welcher Gabriel Marcel wohnte, entwarf er mit lauter Stimme die groben Linien seines Beitrags: «Ein freies Bewußtsein kann keinen Eid ablegen», erklärte er mir, «weil es ihm unmöglich ist, seine eigene zukünftige Freiheit mit einer Hypothek zu belasten, es kann seine Freiheit nicht unterdrücken. Daraus folgt, daß man nie etwas versprechen, sich nie festlegen kann.» Als ich ihn seine Paradoxe formulieren hörte, sagte ich mir, daß das sartresche Bewußtsein die Merkmale des cartesianischen Gottes besaß, dessen Schöpfung nicht aus sich heraus weiterbestehen kann: Gott muß in jedem Augenblick den schöpferischen Akt erneuern. Das ist die Lehre von der «fortwährenden Schöpfung», welche die Zeit in voneinander separate Momente zerstückelt. Sartre hatte das Sein des Menschen auf eine Abfolge von Momenten reduziert, in denen eine so unnütze und kapriziöse wie flüchtige Freiheit geübt wird. Wenn man bedenkt, daß er einige Jahre später, nach dem Krieg, wagte, den Begriff des Engagements auszuarbeiten, ist dies wirklich paradox. Was mich angeht, so hätte mich jene Ablehnung des Eides warnen müssen – gewiß eine philosophische Ablehnung, die aber drohte, sich auch im Gefühlsleben auszuwirken. Ich gestehe, daß ich in jenem Moment daran nicht dachte.

DER KRIEG

Wir waren also im Augenblick, als der Krieg ausbrach, alle drei voneinander getrennt. Das Drama der Gefühle, das sich unerwartet zwischen uns entwickelte, findet vor dem Hintergrund des Krieges statt. Ende August erhielt mein Vater, der sich bei uns in Annecy befand, seinen Mobilmachungsbefehl: er hatte sich in Melun einer Sanitätseinheit anzuschließen. Zum erstenmal akzeptierte damit eine Verwaltungsbehörde seine Medizinerdiplome (wenn er auch nur Assistenzarzt wurde). Als er uns verließ, riet er Mama, nach Quimper zu fahren zu unseren Freunden, den Perraults. Meine Mutter setzte sich wagemutig ans Steuer und unternahm es, Frankreich von Osten nach Westen zu durchqueren. Manchmal war sie so müde, daß sie mich bat, neben ihr nicht einzuschlafen und ihr aufpassen zu helfen. Als wir am zweiten Morgen durch ein Dorf in der Auvergne fuhren, sahen wir einen Menschenauflauf neben dem Rathaus. Da wir erraten hatten, worum es sich handelte, hielten wir an und lasen den Anschlag über die allgemeine Mobilmachung. Wir hatten den 2. September, der Erlaß war am 1. ergangen. Obwohl die Zeitungen uns mit abgedroschenen Formeln wie «Mobilisation ist nicht der Krieg» betäubt hatten, ließ sich die Bevölkerung nicht täuschen: rund um den Aushang standen vornehmlich Frauen, die weinten. Viele Männer waren schon eingerückt. Den Tod in der Seele, setzten wir die Reise fort. Wir richteten uns in Quimper ein, um ihn kommen zu sehen, diesen Krieg, mit dem wir keinerlei Erfahrung hatten und der uns große Angst machte. Meine Mutter legte eine Prüfung als Krankenschwester ab, um sich im Krankenhaus nützlich zu machen. Ich meinerseits nahm Kurse in Schreibmaschinenschreiben, um gegebenenfalls arbeiten zu können, weil niemand wußte, wie lange die Armee Papa behalten würde, der sechsundvierzig Jahre alt war.

Sartre und Castor ihrerseits waren nach Paris zurückgekehrt, schließlich doch besorgt über die Wendung, welche die Ereignisse nahmen. Ende August hatte mir Sartre, um «meine Ängste zu besänftigen», noch geschrieben: «Ich hätte Dich doch beruhigen wollen. Ich kann den Gedanken schwer ertragen, daß ich fort muß, ohne Dich wiederzusehen . . . Aber hör zu, vielleicht habe ich nie daran gedacht, es Dir zu sagen: ich bin überhaupt *nicht in Gefahr* . . . Quasi ein Drückeberger. Bedenke, ich bin Meteorologe . . . Aber im übrigen glaube ich nicht wirklich an den Krieg. Dieser Brief läuft natürlich Gefahr, im selben Augenblick anzukommen wie die Mitteilung über die allgemeine Mobilmachung.»* In einem anderen Brief wagt er zu behaupten: «Um ganz und gar, ganz und gar eine großartige kleine Louise zu sein, mußt Du der Neigung zu Klageliedern widerstehen.»**

Es handelte sich nicht um einen Krieg wie jeder andere; alle außer den Pazifisten wußten das: er war uns von Hitler aufgezwungen worden. Der Nazismus bildet den Hintergrund für alles, was wir in den Vorkriegsjahren durchlebt haben, und selbstverständlich während des Krieges und der Okkupation. Dennoch ist es verblüffend, daß Sartre, obwohl er sich ein Jahr lang in Deutschland, in Berlin, aufgehalten hatte – ab Herbst

* Jean-Paul Sartre *Briefe an Simone de Beauvoir und andere*, S. 279.
** *Ibid.*, S. 282–283.

1933, in jenem Jahr, als Hitler offiziell Reichskanzler wurde –, sich offenbar nie voll der Bedeutung dieses Ereignisses und der großen Gefahr bewußt war, die es für Europa bedeutete.

Vielleicht ist dies übertrieben brutal formuliert; zweifellos war er beunruhigt, und jedenfalls stand er einem solchen Regime ganz sicher absolut feindlich gegenüber. Nur meine ich, daß er von seinen philosophischen Überlegungen so in Anspruch genommen, so von Husserl hingerissen war, daß die Bedeutung der historischen Ereignisse nicht in sein geistiges Universum eindringen konnte.

So schwierig wurden die Beziehungen zwischen uns zuallererst durch Sartres generelle Einstellung – vor dem Krieg – zur politischen Realität und zur Geschichte. Heute ist bekannt, daß er und Castor sich der sozialen und politischen Welt, die sie umgab, sehr wenig bewußt waren. Später gaben sie das schlicht und ehrlich zu. Sie hatten eine vage anarchistische Einstellung, eher instinktiv als der Lehre nach. Der Hauptgrund für diese Blindheit war ihr allumfassender, egoistischer intellektueller Ehrgeiz, ihr Wille, als Schriftsteller zu «arrivieren», was sie vollständig in Anspruch nahm. Zweitens kapselten sie sich wie viele französische Schriftsteller ab, waren nur umgeben von ihren Pariser Freunden und ohne Kontakt mit dem Rest der Bevölkerung: das ist der Effekt des «Clans». Ein weiterer Grund besteht möglicherweise darin, daß Philosophie nicht die Geschichte ist und einen nicht sehr gut darauf vorbereitet, ins Bad der Aktualität einzutauchen, sondern sie vielmehr zu überfliegen und die Ereignisse aus der Adlerperspektive zu betrachten. Der große Bruch in Sartres Leben kam während der Zeit seiner Gefangenschaft; zumindest stellt er selbst seine Entwicklung so dar.

Bereits vor dem Krieg war die Distanz zwischen ihm und mir, oder zwischen ihnen und mir, sehr groß. Nicht daß ich jemals einer politischen Partei beigetreten wäre, diese Versuchung habe ich nie gehabt; sondern weil die Tatsache, daß ich Jüdin bin, mich offenbar sehr sensibel für alles machte, was damals in der Welt geschah, und zwar von Kindheit an. Mein Vater bereits stand «links»; unbewußt muß ich unter seinem Einfluß gestanden haben. Ich war fünfzehn Jahre alt, als der spanische Bürgerkrieg ausbrach, und seinen Verlauf verfolgte ich mit Leidenschaft. Ich war betroffen, als ich feststellte, wie wenig Unterstützung die Republikaner von Franzosen und Engländern erhielten; ich war empört über den brutalen Antagonismus zwischen den spanischen Kommunisten und Anarchisten. Und dann stieß mich das doppelte Gesicht der Politik der UdSSR – die der republikanischen Regierung nicht im notwendigen Maße Hilfe leistete, obwohl sie vorgab, sie zu unterstützen – zutiefst ab und weckte in mir ein hartnäckiges Mißtrauen dem Kommunismus gegenüber. Eine entfernte polnische Cousine, die in der Internationalen Brigade mitgekämpft hatte und sowohl physisch als auch moralisch verletzt worden war, hatte uns bei ihrer Rückkehr von der Front besucht. Mein Interesse an diesem Bürgerkrieg, dem Vorspiel zum Weltkrieg, war echt; ich versuchte den Opfern im Rahmen meiner Möglichkeiten zu helfen, indem ich bei Aktionen der Quäker mitwirkte, die im 16. Arrondissement ein Büro hatten.

Was freilich Simone de Beauvoir betrifft, so war sie nicht gänzlich blind für das Aktuelle, sondern verdrängte es eher heftig. In *In den besten Jahren* gibt sie wieder, was ich ihr von dem Besuch eines unserer deutschen jüdischen Verwandten erzählt hatte, der mit brennenden Zigaretten gefoltert worden war. Sie schreibt: «Bianca Bienenfeld bekam Besuch von einem Vetter ... Man hatte ihn stundenlang geschlagen ... ‹Kann man arbeiten, kann man sich amüsieren, kann man leben, während derartige Dinge geschehen?› fragte Bianca mich weinend. Ich schämte mich meines Egoismus, ich, die sich darauf versteifte, auf das Glück zu setzen. Ich schämte mich, aber ich gab mich noch nicht geschlagen; ich wollte immer noch glauben, daß es nicht zum Krieg kommen werde . . .»* Sartres Briefe des Sommers 1939 sind in einem Beschützerton geschrieben, der nur schwer zu ertragen ist; sie zeigen, bis zu welchem Punkt er sich im Hinblick auf den Konflikt, der sich abzeichnete, in seinen Lügen und Illusionen verfangen hatte. Er tut so, als glaube er, meine Besorgnis gelte einzig der Gefahr, in die er geraten könnte, während meine Befürchtungen sich doch auf unendlich größere Probleme bezogen.

Daher herrschte zwischen uns ein schwerwiegendes Mißverständnis: er wußte, daß mich das, was sich da vorbereitete und mich wie alle Juden erwartete, sehr beängstigte. Er begriff seine Aufgabe als die eines Älteren, der den Jüngeren um jeden Preis zur Vernunft bringen und seine Nervosität beschwichtigen muß: so versucht er mich in mehreren seiner Briefe mit hohlen, nichtssagenden Worten zu beruhigen. In diesem Punkt war ich weit besser auf dem laufenden als er und aus gutem Grund, weswegen mir seine Tröstungen lächerlich vorkamen und mir eher auf die Nerven gingen, obwohl er sie mit den besten Absichten schrieb oder äußerte.

Sartre schrieb Sätze, die heute (und mir ging es schon damals so) völlig lächerlich wirken: «Aber im übrigen glaube ich nicht wirklich an den Krieg . . . Außerdem scheint die deutsche Bevölkerung nichts weniger als begeistert zu sein. Meines Erachtens sollte der große Schlag am Freitag oder spätestens Samstag geführt werden: als Hitler den deutsch-sowjetischen Pakt verkündete, rechnete er mit der Bestürzung der Demokratien und mit inneren Wirren in Frankreich . . . Du mußt wissen, daß der Standpunkt, den ich Dir eben dargelegt habe, hier von allen geteilt wird . . . Bleibt natürlich ‹die Dummheit› . . . Mon amour, ich schwöre Dir, was uns all die Tage am

* Simone de Beauvoir *In den besten Jahren*, Reinbek 1969, S. 302.

meisten quält, sind die Sorgen, die Du Dir machst.»* Doch am 2. September ist er gezwungen anzuerkennen, daß «die Dummheit also triumphiert hat. Ich reise diese Nacht um 5 Uhr ab».**

In seiner Unfähigkeit zu sehen, was die Ereignisse für Frankreich, für Europa und für die Juden bedeuteten, war Sartre nicht allein: man muß akzeptieren, daß seine Haltung zu jener Zeit sehr verbreitet war. Denn die Franzosen waren mit der Idee aufgewachsen, daß Frankreich stark war (hatte es nicht den Großen Krieg gewonnen?), daß seine Armee schlagkräftig war. Niemand rechnete mit der Möglichkeit eines Sieges der Truppen des Dritten Reichs. Dieses Vertrauen vermischte sich seltsam mit einem in Frankreich traditionellen Empfinden: dem Pazifismus, einem Empfinden, das gerade durch die Schrecken des Krieges von 1914–1918 verstärkt worden war. Gewisse extrem libertäre Kreise übersetzten diese Absage an den Krieg in die charakteristische Formel: «Lieber Knechtschaft als Krieg.» – «Diese traditionellen Pazifisten fanden völlig unerwartet Verbündete in den fundamentalistischen Nationalisten», schreibt ein zeitgenössischer Historiker, Pierre Azéma.*** Manche von ihnen befürchteten ideologische Umwälzungen, die ein neuer Krieg provozieren würde, ähnlich jenen, die in der Sowjetunion stattgefunden hatten. Andere dagegen hatten sozialistische oder anarchistische Motive. Es ist also richtig, daß Sartres und Simone de Beauvoirs Blindheit nicht nur mit ihren individuellen Eigenarten zusammenhing, sondern weitgehend die Verzagtheit von Franzosen unterschiedlichster politischer Anschauung widerspiegelte.

* Jean-Paul Sartre *Briefe an Simone de Beauvoir und andere*, Bd. 1, Reinbek 1984, S. 279–280.
** *Ibid.*, S. 283.
*** *De Munich à la Libération*, Paris, in: «Points», p. 13.

In Wirklichkeit bangte ich nicht sonderlich um Sartres Sicherheit, obgleich sich in einem Krieg aus unvorhersehbaren Umständen Gefahren an der Front wie im Hinterland, für die kämpfenden Truppen wie für die Zivilisten, ergeben können. Schmerzhaft dagegen war die Trennung. Über einen Punkt jedoch konnte man sich nicht im unklaren sein: falls die Nazis siegten, stand den Juden ein dramatisches Schicksal bevor. Darüber sagten sie, Sartre wie de Beauvoir, kein Wort. Als hätten sie nie gewußt oder als hatten sie vergessen wollen, daß ich sozusagen in der ersten Linie stehen würde. Doch der offenkundigste Beweis für ihre Gleichgültigkeit ist die simple Tatsache, daß sie nacheinander die Beziehung mit mir abbrachen und in jenem Jahr 1940, in dem alles zusammenbrach, aufhörten, mich «zu lieben». Das Zusammentreffen der Verlassenheit, in die sie mich stürzten, und der militärischen Niederlage Frankreichs mit all ihren schrecklichen Folgen reicht aus, das schwere Trauma zu erklären, das ich erlitt. Die Entscheidung, die sie trafen, die von ihnen lange verweigerte Verantwortung mir gegenüber – sie sprechen Bände über ihren Egoismus und ihre Gewissenlosigkeit. Von Ende 1940 bis zur Befreiung war ich von ihnen völlig abgeschnitten, und weder hat sie mein Geschick beschäftigt, noch haben sie versucht, etwas darüber in Erfahrung zu bringen.

Ich kehre zurück zu dem Bericht über die ersten Monate dieses «lustigen Kriegs». Dürftig in Quimper untergebracht, harrten wir der Ereignisse. Da kein großangelegter Angriff stattfand, fragten wir uns schließlich, was wir dort taten. Um den 20. September kam Castor mich besuchen, wovon sie in ihren Briefen an Sartre und in *In den besten Jahren** erzählt. Für mich war dies emotional ein großer Moment, der mir verdor-

* Simone de Beauvoir *In den besten Jahren*, Reinbek 1969, S. 339 und 340. *Lettres à Sartre*, Band I, pp. 125 bis 142.

ben wurde durch recht heftige Szenen, die mir meine Mutter machte, weil sie wütend darüber war, daß Simone de Beauvoir mich noch in unserem bretonischen Unterschlupf aufspürte. Mama war sehr beunruhigt darüber, daß die Bindung an meine frühere Lehrerin fortdauerte und sich vertiefte. Ihr leidenschaftliches Temperament machte sie auch eifersüchtig, wie sie es all meinen Freundinnen gegenüber gewesen war. Mein Vater war zwar Choleriker, aber er wußte wohl, in welchen Situationen sein Eingreifen aussichtslos war oder sogar das Gegenteil des Erhofften bewirken würde: er war zu dem Schluß gekommen, daß gegen meine Entschlossenheit nichts zu machen war, und ersparte mir unnütze Vorwürfe. In Wirklichkeit waren sich meine Eltern beide des Ernstes meiner Liebesbindung bewußt, während ich nichts sehen, nichts wissen wollte. Jedenfalls spottete ich über ihre Ansichten und war zu allem bereit, sogar dazu, sie wegen einer Kleinigkeit zu verlassen, wenn sie mich dazu provozierten. Sie waren also völlig machtlos.

Ich mußte nun die Fortsetzung meines Studiums ins Auge fassen: im Oktober richtete ich mich in einem kleinen Zimmer im Studentenwohnheim von Rennes ein. Es war das erste Mal, daß ich außerhalb des Elternhauses über ein eigenes Zimmer verfügte. Ich genoß diese Unabhängigkeit sehr. Auf diese Weise konnte ich den Vorhaltungen einer erdrückenden Mutter entkommen und mich meiner Arbeit widmen. In den Vorlesungen und in der Bibliothek traf ich einen meiner Kommilitonen wieder, Pierre-André Guastalla, Pierrot genannt, den ich von der Sorbonne flüchtig kannte. Sein Vater war ein begabter Maler und Kupferstecher, seine Mutter Physikerin, eine intelligente und tüchtige Frau. Er selbst, ein wenig jünger als ich, war ambitioniert und vielseitig begabt. Er studierte Philosophie, wollte aber auch Theaterstücke, Essays und Romane schreiben. Sein Kopf quoll über von Projekten und Ideen. Er war ein enthusiastisches Geschöpf, zugänglich und sehr charmant. Während der zwei Monate, die ich in Rennes verbrachte, wurden wir gute Freunde. Wir arbeiteten zusammen, gingen gemeinsam in Konzerte oder ins Café und führten lange philosophische Diskussionen. Pierrot war auf die Phänomenologie versessen, und meine Verbindung zu Sartre machte ihm großen Eindruck.

Während der Herbstferien fuhr ich kurz nach Paris, um Castor zu besuchen. Es wurden spannungsreiche, unglückliche Tage, in denen wir uns oft stritten. Sie schien mir ihre Zeit nur widerwillig zu widmen und konnte ihre Nervosität nicht verhehlen. Ohne daß ich es geahnt hatte, war zwischen uns etwas zerbrochen. «Wenn sie nach Paris zurückkommt, ist das eine Katastrophe für mich.»* Mir war dies in meiner Blindheit nicht bewußt, und ich konnte es kaum erwarten, wieder in ihrer Nähe zu sein. Das Leben, das Castor führte und mich führen ließ, war sehr kompliziert, weil sie ihre Zeit zwischen Olga Kosakievicz, Nathalie Sorokine und mir aufteilte. Ihre Alltagsumgebung war, wie die vieler Frauen in Kriegszeiten, ausschließlich feminin. *Ihre* Männer, Sartre, auf den sie am meisten Wert legte, und Bost, von dem sie sehr eingenommen war, waren weit fort: man konnte den Kontakt mit ihnen nur durch Briefe aufrechterhalten oder indem man unvorhersehbare Urlaubstage nutzte. Von der Liebe, die sie mit dem «kleinen Bost» verband, wußte ich nichts, weil sie mich in diesem Punkt vorsätzlich belog. Erst mehr als ein Jahr später, als wir miteinander brachen, gestand sie mir, daß ihre Beziehung zu ihm immer enger geworden war.

Sartre schrieb oft: täglich an Castor, zwei-, dreimal in der Woche an mich, einmal an seine Mutter, gewiß auch an Wanda

* Simone de Beauvoir *Lettres à Sartre*, Paris, Band I, p. 249.

und an wer weiß wie viele andere. Es war ausgemacht, daß Castor und ich seine Briefe austauschen würden, damit Sartre seine Berichte nicht wiederholen mußte. So sparte er ein wenig Zeit, denn sein guter Wille, «seinen» Frauen zu schreiben, war bemerkenswert: er bemühte sich, *alles* bis in die kleinste Einzelheit zu berichten, von seinem Alltag, seinen manchmal komischen Beziehungen zu seinen Kameraden von der Meteorologie, seinen Wünschen und seinen Überlegungen. Er legte dar, wie er mit seinem Roman *Zeit der Reife* und seiner Philosophie vorankam, denn er arbeitete bereits an den grundlegenden Teilen von *Das Sein und das Nichts*. Ich zeigte Castor also in aller Arglosigkeit die Briefe, die mir Sartre geschrieben hatte, ohne mich zu fragen, wie die zahlreichen Liebesbeteuerungen darin auf sie wirkten. Sie zeigte mir die ebenfalls zärtlichen Briefe, die er ihr geschrieben hatte. Hat sie mir alle gezeigt? Ich zweifelte nicht daran. Heute bin ich vom Gegenteil überzeugt.*

Unbekannt war mir auch, daß in jener Zeit ihr Kampf gegen mich begann. Dennoch spürte ich vage eine große Veränderung in ihrem Verhalten: sie war befremdlich launenhaft, manchmal freundschaftlich oder zärtlich, dann wieder kritisierte sie gereizt meine Wesensart und mein Denken. Mich rissen ihre Launen hin und her, aber ich ahnte nicht, daß sie von Eifersucht auf mich herrühren konnten. Ich führte sie auf den Schmerz über die Trennung von Sartre und auf die Sorgen zurück, die uns allen der Krieg bereitete. Alle großen oder kleinen Vorkommnisse ihres Pariser Lebens stellte sie jedoch mit großer Liebe zu Details in ihren täglichen Briefen an ihn

* «Dieser Brief kam nach der Abreise von V. an . . . Sie hat nicht verlangt, Ihre Briefe zu sehen, und ich habe sie rückdatiert: mündlich hat das sehr gut geklappt . . .» Simone de Beauvoir *Lettres à Sartre*, Paris, Band I, p. 257.

dar. Man kann darin also zugleich ihre Besorgnisse (zum Beispiel ihre Geldsorgen) in jener schwierigen Zeit und die gewundene Entwicklung ihrer Gefühle verfolgen. Der einzige Vorbehalt, der sich einem aufdrängt – und er ist von Bedeutung –, besteht darin, daß ihre Berichte darüber, wie sie ihre Zeit verbracht hat, und die Überlegungen, die sie über ihre Freundschaften und Abneigungen anstellt, mit großer Wahrscheinlichkeit erfunden und übertrieben sind. Ich habe das erst nach und nach erkannt, schockiert von lügnerischen Behauptungen oder völlig aus der Luft gegriffenen schlüpfrigen Details: schließlich begriff ich, daß das Bild von der Wirklichkeit, das sie ihm zu jener Zeit vermitteln wollte, ihn auf andere Gedanken bringen, ihn amüsieren oder sexuell erregen sollte. Dies gehörte zum «großen Spiel der Voyeure», und es wäre ein großer Fehler, dem, was sie erzählt, blind zu vertrauen, nur weil es aus ihrer Feder stammt.

Die Verärgerung, die ich in ihr weckte, und später dann ihr heimlicher Entschluß, mich von sich zu entfernen und Sartre hinterhältig dahingehend zu beeinflussen, daß er als erster die Beziehung abbrach: dies war der größte Schock, den mir die Lektüre der *Lettres à Sartre* bereitete. Ich muß feststellen, daß sie es war, die alles arrangiert hatte, von mir ein immer unerfreulicheres Bild zeichnete und vorgab, welche Argumente anzuführen und welche Strategie anzuwenden sei, um einen Bruch zu rechtfertigen. Ich, die ich in jener Zeit und die ganzen darauffolgenden Jahre geglaubt hatte, Sartre wäre allein für den brutalen Brief verantwortlich, den ich Ende Februar 1940 erhielt; ich, die sich daraufhin in die Freundschaft zu Castor rettete, um sich über den Schmerz hinwegzutrösten, erkannte fünfzig Jahre später, daß sie in dieser leidigen Affäre alle Fäden gezogen hatte. Wenn ich mich ihr Anfang 1945 zuwandte, um zu versuchen, auf neuer Basis wieder eine Freundschaft aufzunehmen, dann offensichtlich nur darum, weil ich absolut davon überzeugt war, daß sie mit Sartres Verhalten mir gegenüber nichts zu tun hatte. Auf diese Weise wurden mehr als vierzig Jahre einer Freundschaft, die ich für aufrichtig gehalten hatte, zerstört und fielen, auf einen Schlag entwertet, in sich zusammen.

«Sartre möchte Védrine allmählich verlassen – ich glaube nicht, daß er es kann, aber jetzt ist Schluß mit meiner Unruhe und blinden Verbissenheit, ich habe vor nichts Angst, ich bin wieder mit ihm vereint, mit ihm allein wie in Le Havre oder Rouen, in der Zeit vor Kos . . . ich bin also glücklich.»* So läßt sie in ihrem *Kriegstagebuch* die Eifersucht hervorbrechen, die sie bis dahin sorgfältig verborgen hatte, und ihr Verlangen, den Mann ihres Lebens, den sie widerwillig mit anderen geteilt hat, für sich allein zu haben. Dann muß meine Gegenwart für sie doch eine Beunruhigung bedeutet haben, die immerhin so stark gewesen war, daß bei ihr diese heftige «Freude, allein mit ihm zu sein» aufkommen kann. Hier liegt ohne Zweifel das grundlegende Motiv, das sie leitete: die Furcht, die den Widerwillen gegen mich bedingt, den sie zunehmend verspürt, wie sie sagt.

Aber es gab noch ein weiteres Motiv, das mit meinem leidenschaftlichen Verhalten zusammenhing. Der Knoten des sich verschärfenden Konflikts liegt in dem Begriff «Trio» verborgen, den wir ganz klar unterschiedlich auslegten. Den Briefen Simone de Beauvoirs zufolge hätte ich mir in den Kopf gesetzt gehabt, das Verhältnis zwischen uns dreien genau gleichgewichtig zu gestalten: eine Aussicht, die sie heftig verärgerte und ihr sofort als ernste Bedrohung erschien. Der Brief vom 12. November schildert ausführlich eine lange Auseinandersetzung zu diesem heiklen Thema. Sicher hätte es mir zumindest an psychologischem Gespür gemangelt, wenn ich wirklich, wie sie schreibt, beabsichtigt hätte, Sartre zwischen

* Simone de Beauvoir *Kriegstagebuch 1939–1941*, Reinbek 1994, S. 256.

ihr und mir zu gleichen Teilen aufzuteilen; zumal die Trennung von Sartre und seine seltenen Urlaube zu Castors Gereiztheit beitrugen. Sie beschrieb ihm ausführlich diese harte Diskussion: «Sie begann mir Vorwürfe zu machen, weil ich Sie nicht für sechs Tage während des Urlaubs ihr überlassen wolle; das Blut stieg mir ins Gesicht, und ich habe ihr gesagt, ich verstünde nicht, wie sie unser Verhältnis betrachtet, daß es so aussähe, als fasse sie das Trio als etwas genau Dreigeteiltes auf, und daß mich das doch wundere . . . Ich sagte, sie täusche sich, so sei es nicht, und es gab einen wirklich heftigen Disput . . . Sie schluchzte, dann beruhigte sie sich . . : Sie erinnerte sich auch, daß sie bis August das Trio als Basis – Sie und ich – aufgefaßt habe, über der sie eine vorstehende Spitze darstellte, und nicht als exakte Symmetrie.»* Ich selbst habe keine genauen Erinnerungen an den Inhalt dieser Auseinandersetzungen, aber es scheint mir wahrscheinlich, daß sich meine Forderungen gesteigert hatten und daß ich das Gespür für das Reale oder Mögliche verloren hatte: sagen wir, vor Leidenschaft hatte ich den Kopf verloren. Die Aufregungen über den Krieg, die Trennung von Sartre und das undurchsichtige Verhalten von Castor selbst führten zusammen sicher dazu, daß ich das Trio übersteigert auffaßte. Ich hatte versäumt einzukalkulieren, wie gewaltsam Simone de Beauvoir wurde, wenn sie sich bedroht fühlte; ich hatte ihre wilde Entschlossenheit vergessen, die «notwendige» Liebe Sartres zu ihr zu erhalten, und ich wußte nicht, welch absolute Macht sie über ihn ausübte. Vom 17. Dezember an bespricht sie mit ihm einen möglichen Bruch zwischen uns: «Was die Hoffnungen angeht, die Sie Védrine gegenüber hegen, so fürchte ich, daß sie vergeblich sind; die Angst vor der Leere ist so fragwürdig wie jede andere, und sie steckt ihr in den Knochen; und wenn sie

* Simone de Beauvoir *Lettres à Sartre*, Paris, Band I, pp. 253 und 254.

Sie wiedersieht, packt es sie wieder von neuem, vor allem mit der Sexualität wird es schnell gehen – wenn Sie die Geschichte beenden wollen, ist das vielleicht ohne Katastrophe möglich, aber nicht ohne Getöse, und es wird viel Härte nötig sein: allmählich die Leidenschaftlichkeit der Briefe verringern, ein Wiedersehen kühl ausfallen lassen . . .»*

Die Maulwurfsarbeit geht weiter. «Ich weiß nicht, ob es notwendig ist, daß ich Ihnen ausführlich von meinem gestrigen Abend erzähle, denn ich werde es schaffen, Védrine aus Sympathie für Sie fertigzumachen; noch nie hat sie mich so erstarren lassen . . . Ich hasse ihre Scherze, ihren Schneid, ihre sanfte Autorität . . . Nie wird sie mir eine Frage zum Beispiel über meine wirklichen Gefühle für Kos stellen, über mein Verhältnis zu Sorokine . . .»** Simone de Beauvoirs Unaufrichtigkeit ist hier offenkundig, denn jedesmal, wenn ich sie über ihre Freunde befragte, wich sie aus: ich hatte keinen Grund, sie über Kos oder Sorokine, meine direkten Rivalinnen, zum Reden zu bringen, um Lügen vorgesetzt zu bekommen. Ende Dezember mischt sie sich wieder ein: «Der Auszug des Briefes von Védrine (Sartre hatte ihr eine Kopie einer meiner Briefe geschickt) kommt mir so lau, so leer nicht vor – sie liebt Sie fraglos voll und ganz – wenigstens momentweise . . . Ich bedaure, daß ich Sie mit ihr so angewidert habe, aber ich bin es selbst zur Genüge.»***

Im Februar 1940 berichtet Castor – scheinbar hat sie den Ton gewechselt – ausführlich über ein langes Gespräch, das wir im *Hoggar* hatten: «Ich muß sagen, daß sie ergreifend war, ganz beherrscht und würdevoll, sehr beflissen und schweigsam; von Zeit zu Zeit lächelte sie mir zu, von Zeit zu Zeit hielt sie die Tränen zurück – im übrigen war sie gestern schön. Bei dem

* *Ibid.*, pp. 357 und 358.
** *Ibid.*, pp. 372 und 373.
*** *Ibid.*, p. 388.

Gedanken an den Schlag, den sie bald abbekommen wird, kam ich mir gemein vor . . .»* Tatsächlich erhielt ich gegen Ende des Monats, ohne Vorwarnung, plötzlich den Brief von Sartre, der mir verkündete, daß zwischen uns alles beendet sei. Kein einziger triftiger Grund wurde angeführt. Das einzige genannte Argument lautete, die Entfernung habe seine Gefühle «ausgetrocknet» (doch wohlbemerkt hatte dieses traurige Schicksal weder seine Gefühle für Castor noch für Wanda ereilt). Der Schock war um so größer, da er völlig unerwartet kam: alle vorausgehenden Briefe waren herzlich, zärtlich, liebevoll. Nichts war zwischen uns geschehen, was mich einen so plötzlichen Bruch hätte vorausahnen lassen. Ich war vollständig ratlos, ich verstand es nicht. Sehr schnell indessen vermengte sich mein Kummer mit gekränkter Selbstachtung: ich hatte so etwas wie eine Ohrfeige erhalten, die nicht nur schmerzhaft, sondern auch demütigend ist. Ich fragte mich, welchen Wert ich all den Liebesbriefen, die ich Woche für Woche erhalten hatte, einen erst drei Tage zuvor, beimessen sollte, wenn Liebe sich in einem Augenblick auflösen konnte wie ein böser Traum. Ich begriff, daß Sartres angebliche Gefühle für mich nichts als Wind waren, nur Worte, eine jämmerliche Komödie. Aber warum hatte er es für richtig befunden, mir diese Komödie vorzuspielen? Ich war in meiner Würde getroffen, als hätte man mich wie eine Hure behandelt, für die vorgetäuschte Liebe ausreicht.

In der Korrespondenz von Simone de Beauvoir findet sich am 27. Februar 1940 eine ausführliche Schilderung meiner und ihrer Reaktionen. Ich kann sie nicht vollständig zitieren, aber hier einige Auszüge: «Sie hat Ihre Briefe gelesen, sie blieb erstaunlich beherrscht, war aber vor Wut wie verwandelt – und wirklich, ich weiß nicht, was in Ihnen vorging, aber der

* *Ibid.*, Band II, p. 80.

Brief mit diesen moralischen Ermutigungen und Achtungsbekundungen war inakzeptabel . . . Védrine hat das ebenso empfunden und jeden einzelnen Satz in der Luft zerrissen . . . sie war gedemütigt, weil Sie sich nicht einmal die Mühe gemacht haben, ihr die Sache richtig zu erklären; bis zur Niedergeschlagenheit gedemütigt wegen der leidenschaftlichen Briefe, die Sie ihr vierzehn Tage zuvor geschrieben haben – das war mir scheußlich unangenehm.»*

So hatte Castor, auch wenn sie die Umstände bedauerte, ihr Ziel erreicht – Sartre von mir loszureißen; sie konnte sich erleichtert fühlen, weil sie die «Gefahr», die ich darstellte, beseitigt hatte, und zugleich stand es ihr nun frei, sich meiner zu entledigen, wann immer sie wollte. Obendrein konnte sie die gute Seele spielen, die sich für einen Augenblick auf die Seite des Opfers stellt – wobei sie vergaß, daß sie alles angezettelt hatte. Ihre Niedertracht war so maßlos, daß man in einem späteren Brief lesen kann: «Ich mache Ihnen keine Vorwürfe mehr, daß Sie Védrine ein bißchen derb hingerichtet haben – das ist nicht von Bedeutung.»** Zehn Tage später faßt sie zusammen: «Sie sagt zur Abwechslung wie eine Kassandra Finsteres voraus, schwankt jedoch zwischen dem Konzentrationslager und dem Selbstmord, wobei sie den Selbstmord vorzieht: ihr Schicksal vorausahnen nennt sie das. Ich habe mich über Ihren Bruch mit ihr gefreut, denn allein bin ich seltsamerweise ihr gegenüber viel freier . . .»***

Mitte April kam Sartre auf Urlaub. Dieses Mal wurde ich vorher benachrichtigt, und man gewährte mir mit lebhafter Stimme das Recht, ihn wiederzusehen, wie ich es gefordert

* *Ibid.*, pp. 92 und 93.
** *Ibid.*
*** *Ibid.*, p. 113.

hatte. Wir waren in einem Café an der place du Trocadéro verabredet. Ich gab mir Mühe, nicht zu weinen, was mir jedoch nicht ganz gelang: ich fragte, was in seinem Kopf vorgegangen sei, als er so abrupt von Zärtlichkeit zur Aufkündigung aller Gefühle übergegangen war. Dieses mühsame Gespräch trug zum Verständnis nicht mehr bei als seine Briefe. Das einzig Unerwartete war eine zusätzliche Rüpelei. Sartre, der mir sicher etwas Freundliches sagen wollte, verließ mich stammelnd: «Mich tröstet nur, daß ich überzeugt bin, du wirst darüber hinwegkommen.» Das war die wörtliche Wiederholung dessen, was Simone de Beauvoir gesagt hatte. Diese «Überzeugung», die sie beide hatten, paßte ihnen gut in den Kram und ersparte es ihnen, darüber nachzudenken, was sie mir Schlimmes antaten. Daß Sartre sich vorrangig selbst tröstete, indem er sich vorstellte, ich sei robust genug für den Schmerz, den er mir zufügte, war tatsächlich eine zweite Ohrfeige, der ich mich gern entzogen hätte. Sartres Egoismus war sicherlich versteckter als der von Castor, aber seine viel oberflächlicheren Gefühle ließen diesen Egoismus unter seinen verlegenen Worten durchschimmern. Seine gewaltige Rüpelhaftigkeit, sein Mangel an Sensibilität, seine Leichtfertigkeit und Unverantwortlichkeit schmerzten mich mehr, als wenn ich nur die allmähliche, natürliche Veränderung seiner Gefühle hätte akzeptieren müssen.

Während der drei Jahre, die unsere erste Freundschaft dauerte, habe ich von Castors Seite nie das geringste Anzeichen von Abneigung gespürt, das sich darauf hätte zurückführen lassen, daß ich Jüdin bin. Übrigens hatte ich selbst nicht die Zwangsvorstellung von einem allgemeinen Antisemitismus der «anderen», wie sie viele Juden haben, die meinen, alle «Gojim» seien notwendigerweise Antisemiten. Obwohl ich hier und da allerlei Beleidigungen erlitten habe, besonders im Gymnasium, hätte ich mir nie vorgestellt, daß jemand, der sich meine Freundin nannte, einer rassistischen Regung nachgeben könnte. Vielleicht war letztlich ich die Taube und Blinde. Da Simone de Beauvoir und Sartre zudem nach dem Krieg offen und eindeutig Partei für die Juden und für Israel ergriffen, hatte sich mir die Frage nie gestellt.

Das machte es so schmerzlich, als ich in den *Briefen* ganze Passagen entdeckte, in denen Castor sich über meine jüdische Abstammung ausläßt und sich zu meiner Beschreibung einer verworrenen Psychologie bedient, deren Bestandteile die abgedroschensten Schablonen sind, die sich in der europäischen antisemitischen Tradition nur finden. «Wir unterhalten uns lange über Authentizität . . . Plötzlich fällt mir auf, wie sehr Védrine dem Wesen nach ‹fromme Jüdin› ist und daß sie nie ein Kind war, sondern immer eine kleine Erwachsene – seit ihrer Kindheit mitgerissen vom Strom des Sozialen, mit dem Sozialen lebend und nicht gegen es, wie es Kinder traditionellerweise tun – teils wegen ihrer Erziehung und vor allem wegen ihrer unnatürlichen Intelligenz.»* Was wußte sie über meine Kindheit? Fromme Jüdin – ich, die keine Spur von Frömmigkeit besaß und nicht die geringste Neigung, irgendeinen Gott anzubeten? Frömmigkeit war vielmehr ein Thema *ihrer* Kindheit. In welcher Hinsicht ist meine Intelligenz unnatürlich? Und wie steht es mit ihrer? Die Philosophie Heideggers, deren Novizin sie noch war und die sie damals mehr oder minder gut verdaut hatte, war ihr zu Kopf gestiegen; ständig griff sie mich wegen meiner «Unauthentizität» an, ein Begriff, den sie dem heideggerischen Vokabular entliehen hatte. Nach Castors Vorstellung war es ein existentielles Verbrechen, mit beiden Füßen auf dem Boden der sozialen und historischen Realität zu leben. Außerdem warf sie mir oft vor,

* Simone de Beauvoir *Kriegstagebuch 1939–1941*, Reinbek 1994, S. 331, 332.

ich sei «rational», weil Authentizität zweifellos erforderte, daß man irrational war – wie die Wagner-Gestalten. In Deutschland hatte der Nazismus einen Kult um den Instinkt, den tiefen, unerklärlichen Drang hervorgebracht. Die Beschuldigung, sie seien zu rational, wurde gegen die Juden ständig erhoben. Partiell kolportiert die Philosophie Heideggers diese verzerrten Ideen. Von den Diskussionen, die wir über diese Themen führten, blieb mir ein bitterer Geschmack im Mund zurück, aber ich konnte nicht recht orten, woher er stammte, und verteidigte mich schlecht.

Der am meisten «sprechende» Text, jener der am besten die Quellen ihrer psychologischen Phantasien erhellt, ist jener aus dem *Kriegstagebuch* vom 10. Dezember 1939: «Ich setze ihr auseinander, wie sie immer darauf abzielt, ‹Nutzen zu ziehen›, zu ‹investieren›, aber daß nur das Leben selbst dem Leben nutzen kann ... Védrine interessiert sich für den persönlichen Nutzen, aber ohne wirklich zu wissen, was es bedeutet, eine Person zu sein; deutet man sie von unten her, steht der soziale Erfolg am Horizont; aber das soziale Gepräge ist für sie gewissermaßen Bürgschaft für die metaphysische Objektivität der Realität und der Werte ... Das ist ihre Art Pathos, eine Mischung aus verzweifeltem Überschwang und Stärke: denn sie weint vor einer Klagemauer, die sie eigenhändig voll Eifer baut, die sie häufig deshalb baut, weil sie ihre positiven Werte schützen will, die sie heftig verteidigt. Etwas vom alten jüdischen Wucherer, der aus Mitleid mit dem Kunden weint, den er in den Selbstmord treibt.»*

Hier also taucht plötzlich die unvergeßliche Figur des jüdischen Wucherers auf! Und ich werde mit ihm vermengt! Bald sollte ganz Europa von einer endlosen «Klagemauer» durch-

* Simone de Beauvoir *Kriegstagebuch 1939–1941*, Reinbek 1994, S. 242, 243.

zogen sein, welche die Juden ganz gewiß nicht erbaut haben! Es herrschte Krieg, und Simone weiß über mich nur zu sagen, daß ich das Geld liebe wie alle Juden. Daß Motive und Bilder dieser Art aus der Tiefe aufstiegen, hing in Wirklichkeit in direkter Linie mit den Ideen im Milieu ihrer Familie zusammen, die sie angeblich völlig verworfen hatte; ganz besonders aber mit den Obsessionen ihres Vaters, der immer ein notorischer Antisemit gewesen war und es in diesen Kriegszeiten noch mehr war, was vor mir zuzugeben Castor sich stets gehütet hat: «Das einzige Thema, das ihn noch beschäftigte (ihren Vater), war die Einrichtung verschiedener Behörden, von denen er hoffte, sie würden Frankreich endlich von den Juden befreien, die er für die Übel verantwortlich machte, welche das Land befallen hatten.»* So offenbart sich ein Widerspruch zwischen ihren bewußten Ideen, die zweifellos nicht antisemitisch waren, und der muffigen Tradition einer Familie sehr französischer Kleinadliger, die ihren Niedergang dem Wirken der Juden zuschrieben. Aus diesem Denken speiste sich Simone de Beauvoirs mir gegenüber stets besonders kritische Haltung.

Höchst sonderbarerweise fand ich, als ich 1990 den Roman *Zeit der Reife* wieder las, den Sartre während des «lustigen Krieges» geschrieben hatte, verblüffende Ähnlichkeiten zu der Ausdrucksweise, deren sich Simone de Beauvoir in den Briefen an Sartre bedient. Die erste jüdische Figur, die man in diesem Roman findet, ist ein Abtreiber: «‹Doch, ich habe jemand für Sie, wieso ist es mir nicht eingefallen; ich werde das arrangieren. Waldmann. Haben Sie ihn nicht bei mir getroffen? Ein Jude, ein Gynäkologe. Er ist gewissermaßen der Abtreibungsspezialist** . . .» «. . . er will viertausend in bar, ich habe

* *Ibid.*
** Jean-Paul Sartre *Zeit der Reife*, Reinbek 1987, S. 52.

nicht lockergelassen, ich schwör's Ihnen, aber er hat nichts davon wissen wollen. Das ist ein dreckiger Jude›, fügte sie lachend hinzu.»* Offenkundig wird dieser ehrlose Abtreiber als geldgierig dargestellt.

Die Transfusion von Vokabular und Bildern zwischen Castors Briefen und dem Roman, an dem Sartre schrieb, ist auffällig. «Die babylonische Gefangenschaft, der Fluch über Israel und die Klagemauer, nichts hatte sich für das jüdische Volk geändert . . .»** Dann erscheinen, ohne daß man genau weiß warum, inmitten verschiedener anderer Figuren Herr Birnenschatz, der Diamantenhändler, und seine Tochter Ella. Die Szene beginnt folgendermaßen: «Ella Birnenschatz schlang ihre dünnen braunen Arme um den Hals ihres Vaters. ‹Du bist süß, Papachen›, sagte Ella Birnenschatz . . . ‹Du machst mich ja naß›, sagte Herr Birnenschatz . . . Die Mutter war fett und wabbelig, hatte große verängstigte und resignierte Augen, bei denen ihm unbehaglich wurde . . . Der Vater dachte: ‹Ella hat sich in Paris zu dem gemacht, was sie war: Ich sage ihnen immer: Rasse, was ist denn Rasse, würden Sie Ella für eine Jüdin halten, wenn Sie ihr auf der Straße begegneten?›»

Er schenkte ihr eine Perlenkette. «‹Da›, sagte er. Während sie die Perlen anschaute, fügte er hinzu: ‹Nächstes Jahr werden sie doppelt so dick sein› . . . Schalom dachte: ‹Sie wirkt *zu* intelligent; so sind wir › . . . Monsieur Birnenschatz dachte an die Perlen und sagte sich: ‹Das ist keine schlechte Anlage.› »*** Die Betrachtungen zum Thema der Juden, die das Geld lieben, werden fortgesetzt, aber von einem anderen Thema überlagert, dem Wunsch nach Assimilation. Es gibt Juden wie

* *Ibid.*, S. 68.
** Jean-Paul Sartre *Der Aufschub*, Reinbek 1987, S. 79.
*** *Ibid.*, S. 83, 84.

Birnenschatz, die nicht anerkennen wollen, daß sie es sind, während Weiss, als Hauptmann zu den Fahnen gerufen, die Sache ganz anders sieht. Er versucht, ehrlich zu sagen, ‹*für uns* ist es nicht so ein Blödsinn.› – ‹Für uns? Von wem sprichst du? . . . Was soll das heißen: wir Juden?› fragte Birnenschatz. ‹Kenn ich nicht. Ich bin Franzose. Fühlst du dich denn jüdisch?. . . Aber was ist das, ein Jude? Das ist ein Mensch, den die anderen Menschen für einen Juden halten . . .»* Hier erscheint verblüffenderweise bereits 1939, mitten im Krieg, während des Nazismus, das zentrale Thema der kleinen Schrift *Réflexions sur la question juive***, die Sartre 1946 publizierte, ein Thema, das er sorgfältig verborgen hielt und wie einen Teufel aus der Schachtel springen ließ – mit den besten Absichten der Welt. Kurioserweise wird der Jude, der vorgibt, keiner zu sein, sondern Franzose wie jeder andere, und der erklärt, Jude sei, wen die anderen dafür halten, in *Der Aufschub* so unangenehm, so beleidigend beschrieben, daß man bestürzt zurückbleibt. Wenn Sartre die Position von Birnenschatz als so unsympathisch darstellt, will er damit sagen, ein Jude solle sich nicht nur als Jude anerkennen, sondern auch zum Angehörigen des «jüdischen Volkes» erklären? Ich gestehe, daß ich in seiner Denkweise keine Kohärenz erkennen kann. Entweder existieren die Juden tatsächlich, oder sie sind nichts als der Reflex des antisemitischen Hasses: man sollte sich entscheiden.***

* *Ibid.*, S. 85, 86.

** Jean-Paul Sartre *Überlegungen zur Judenfrage*, Reinbek 1994.

*** *Gespräch* Jean-Paul Sartres mit Benny Lévy, erschienen in *Le Nouvel Observateur*, ab März 1980. Dt.: Jean-Paul Sartre, *Brüderlichkeit und Gewalt*, Berlin, 1993, S. 61, 62, 64.

«**Benny Lévy:** Zur Zeit der *Überlegungen zur Judenfrage* hattest du gedacht, daß der Jude, sagen wir es in einer provozierenden Formulierung, eine Erfindung des Antisemiten war. Auf jeden Fall gab es darin kein jüdisches Denken, keine jüdische Geschichte. Hast du dein Denken geändert?

Zudem möchte ich bemerken, daß Sartre es sich erlaubte, leicht entschlüsselbar meine Familie in dem Roman, an dem er arbeitete, auftreten zu lassen, bevor er noch mit mir gebrochen hatte: der Name Birnenschatz erinnert eigentümlich an den Namen Bienenfeld; der Vorname Ella ist der meiner Schwester, Ellas Vater ist Diamantenhändler, während der meine Perlen verkaufte. Doch die Hauptquelle für bestimmte Formeln sind Castors Briefe. Ich denke da an die Vorstellung von der «Klagemauer» sowie an die von Castor vorgegebene Bemerkung über meine «ein wenig monströse Intelligenz». Ich würde vielmehr sagen, daß die Intelligenz der beiden völlig monströs ist und zugleich äußerst behindert. Wahrhaftig,

Sartre: Nein, ich bewahre das als eine oberflächliche Beschreibung des Juden, wie er beispielsweise in der christlichen Gesellschaft ist, wo er dauernd, an jeder Straßenecke, geschnappt wird vom antisemitischen Denken, das ihn verschlingt [. . .] Nur beschränkte ich die Existenz des Juden allein darauf. Obwohl ich durchaus welche kannte. Jetzt denke ich, daß es eine jüdische Realität gibt [. . .] Der Jude geht davon aus, ein Schicksal zu haben. Ich müßte erklären, wie ich dazu kam, dies zu denken.
L.: Ich wollte dich gerade darum bitten.
S.: Durch den häufigeren Umgang mit Juden nach der Befreiung.
L.: Aber als du die *Überlegungen* geschrieben hast, hast du doch eine Dokumentation zusammengestellt?
S.: Nein.
L.: Was heißt nein?
S.: Nie. Ich habe die *Judenfrage* ohne jede Dokumentation geschrieben, ohne ein jüdisches Buch zu lesen.»

Diese Erklärung, diese Geständnisse sind eigentlich unglaublich. Sie enthüllen unter anderem die erstaunliche Leichtfertigkeit der Thesen Sartres, der nach dem Massaker an einem großen Teil der französischen und der ausländischen, in Frankreich lebenden Juden ein brillantes Buch schreibt, um zu beweisen, daß der Jude nur *relativ* und im Hinblick auf den Antisemitismus existiert. Sartre löst damit die Juden endgültig auf, er vergißt, was seit undenklichen Zeiten geschehen ist. Es ist eine philosophische Auflösung, welche die physische Zerstörung durch die Nazis fortsetzt.

Sartre besitzt nicht viel Phantasie und ist nicht sonderlich inspiriert, er hat seinen Roman aus Trödel zusammengebastelt! Mehrere Jahre bevor ich sie bat, in ihren Werken jegliche Anspielung auf unsere Geschichte zu unterlassen, war das Unheil schon geschehen. Mein Grauen davor, als Material für Literatur *benutzt* zu werden, war also wohlbegründet. Der Romancier verhielt sich völlig ungeniert. Nachdem es zum Bruch gekommen war, grauste mir davor, daß die beiden, nachdem sie mich fallengelassen hatten, unser Abenteuer weiter auspressen könnten wie eine Zitrone, um ihm Romansaft abzugewinnen.

Während jenes Frühlings arbeitete ich viel. Ich arbeite übrigens immer desto mehr, je unglücklicher ich bin, und das Lehrangebot in Philosophiegeschichte war sehr interessant. Aufmerksam hörten wir die Vorlesung von Émile Bréhier, vor allem aber die von Jean Wahl, die uns neue Horizonte eröffnete. Obwohl er ein jämmerlicher Pädagoge war, der seine Nase kurzsichtig nah über einem Sammelsurium von Blättern hielt, in denen er herumwühlte, was seine Stimme beinahe unhörbar machte; obwohl er immer alte, für seine winzige Gestalt zu große Kleidungsstücke trug, verfolgten wir seine Vorträge hingerissen. Seine umfassende griechische Bildung und vor allem seine Kenntnis der zeitgenössischen deutschen Philosophie bedeuteten für uns angesichts dessen, was an der Sorbonne sonst üblich war, eine Abwechslung. Wahl sprach über Kierkegaard, Jaspers, Heidegger oder Hegel. Dies lenkte uns wie ein Echo zur Phänomenologie zurück, unserem Ausgangspunkt.

Wir arbeiteten also viel, jeder für sich oder alle gemeinsam im Café *Petit Biard* am boulevard Saint-Michel. Wir waren mit Studenten bekannt geworden, die uns ein Jahr voraus waren, mit Claude Simonnet, Roland Caillois und Yvonne Picard sowie mit einigen Normaliens, die geruhten, an die Sorbonne zu kommen, wie Desanti oder Cuzin. Am 10. Mai sollte ich bei Bréhier ein Referat über «Dianoia und Noèsis in Platons *Staat*» halten.

Die Nacht davor war ich lange wach geblieben. Um neun Uhr beginnt das Seminar. Bréhier sagt wie gewohnt militärisch exakt einige Sätze und überläßt mir das Wort. Ich beginne mein Referat, völlig von den Schwierigkeiten darin in Anspruch genommen. Nur undeutlich nehme ich wahr, daß im Raum nicht gerade Stille herrscht. Selbst meine Freunde sind unruhig und tuscheln. Schließlich steige ich vom Podium und trete zu ihnen: «Du weißt also noch nicht das Neueste», sagen sie, «die deutschen Truppen sind diese Nacht in Holland einmarschiert und dringen nach Belgien vor!» Da begriff ich, wieso die abstrakten Probleme der platonischen Philosophie meine Zuhörer kaltgelassen hatten.

Die folgenden Monate bestürzten und erschütterten uns. Wie der Großteil der Franzosen getäuscht vom tönenden, verlogenen Patriotismus der Presse und der Regierenden, hatten wir geglaubt, die französische Armee sei die stärkste der Welt oder doch wenigstens imstande, dem Druck der Truppen des Dritten Reiches standzuhalten. Wir wußten nichts von der Schlagkraft der feindlichen Armee, vor allem ihrer Panzer, und hatten keine Vorstellung von der völligen Desorganisation, in der sich die unsrige befand. Nach und nach entdeckten wir mit Verzweiflung, daß die Niederlage möglich, vielleicht unvermeidlich war. Ich erinnere mich noch an den Schock, als ich etwa drei Wochen später an der Station Duroc aus der Métro kam und die Schreie der Zeitungsverkäufer hörte: «Arras und Amiens gefallen!» So standen die Deutschen schon vor den Toren von Paris, bevor wir noch Zeit gehabt hatten, Luft zu holen.

Meine Mutter und meine Schwester zogen wieder nach Quimper. Mein Vater wollte so lange wie möglich in Paris bleiben, um Ordnung in seine Geschäfte zu bringen und seine Abreise vorzubereiten. Ich meinerseits war dort – wie meine Kommilitonen, wie die meisten Studenten, wie Castor –, weil wir noch im Schwung unserer Arbeit, unserer Studien, der Examensvorbereitungen waren. Simone de Beauvoir beschwört in *In den besten Jahren* die Atmosphäre jener Zeit herauf; beim Schreiben dieser Seiten stützte sie sich auf das Tagebuch, das sie täglich führte und das nun veröffentlicht ist. Es scheint mir überflüssig zu wiederholen, was sie darin geschrieben hat. Die stärkste Empfindung, die mich ständig belastete, war die, das Weltende sei gekommen. In der Zeit, nachdem das Verlangen fortzugehen, das dringende Bedürfnis, vor der Invasion zu fliehen, aufgekommen war, bis zum Moment der tatsächlichen Abreise, in jener Zeit vor der Katastrophe betrachtete ich Paris, das ich so liebe, mit der Traurigkeit eines Menschen, der weiß, daß er ein geliebtes Gesicht nicht wiedersehen wird. Ich war überzeugt, daß Paris bombardiert und zerstört werden würde, daß von seiner Schönheit nichts übrigbleiben würde. «Schau, mit all deinen Augen, schau», sagte der Henker zu Michel Strogoff.

Castor war verzweifelt, weil sie weiter von Sartre getrennt sein würde, ob sie nun blieb oder abreiste. Ich hatte offensichtlich nicht die gleichen Sorgen wie sie: ich dachte mit Angst daran, daß ich für unbestimmte Zeit von ihr und meinen Freunden getrennt sein würde. Alles schien so ungewiß, so wirr; die Realität der Niederlage erdrückte uns. Schließlich beschlossen mein Vater und ich, Paris mit dem Auto zu verlassen: ich fragte Papa, ob er Castor mitnehmen würde, denn sie hatte niemanden, mit dem sie fortgehen konnte. Mein Vater zögerte lange, denn er stand meiner Freundin ablehnend und mit begründetem Mißtrauen gegenüber, doch schließlich war er dazu bereit, sei es aus Mitleid, sei es, weil er sich meiner Bitte nicht verschließen konnte. Wir warteten auf sie auf der Terrasse des prachtvollen Cafés *Mahieu* an der Ecke von der rue Soufflot und der place Médicis und betrachteten niedergeschlagen die großen Fuhrwerke, von denen jedes eine komplette Bauernfamilie mit ihren Tieren beförderte, mit Großmüttern und Säuglingen, und die von Norden, das heißt von der porte de la Chapelle herkommend, langsam über den boulevard Saint-Michel in Richtung porte d'Orléans rollten, in der Hoffnung, der feindlichen Armee zu entkommen. Diese traurige Prozession einer ländlichen Bevölkerung, die sicherlich noch nie vorher hierhergekommen war, quer durch Paris schien die Beerdigung all unserer Hoffnungen zu illustrieren, all der Illusionen, die wir gehegt hatten. Aber sie zeugte gleichzeitig von der historischen Rückkehr der archaischen Reflexe von Völkern angesichts einer militärischen Invasion. Angesichts dieses offenkundigen Zeichens von Unheil weinte ich bitterlich.

«Ich spürte das Näherrücken der Deutschen wie eine persönliche Bedrohung. Ich hatte nur einen Gedanken: nicht von Sartre abgeschnitten zu werden, nicht im besetzten Paris wie eine Ratte in der Falle zu sitzen . . . (Bianca) sagte mir, ihr Vater wisse durch einen Bekannten im Hauptquartier, daß für morgen der Rückzug vorgesehen sei, daß die Prüfungen abgesagt und die Professoren beurlaubt seien. Ich war wie erstarrt, das war das Ende. Die Deutschen würden in zwei Tagen in Paris einmarschieren, mir blieb nichts übrig, als mit ihr nach Angers zu fahren. Zudem sagte Bianca mir, daß die Maginotlinie natürlich von der Rückseite aufgerollt würde, und mir wurde klar, daß Sartre für unbestimmte Zeit in Gefangenschaft geraten, daß er ein furchtbares Leben führen und ich nichts von ihm hören würde. Zum erstenmal in meinem Leben hatte ich eine Art Nervenzusammenbruch. Es war für mich der schrecklichste Augenblick des ganzen Krieges.»*

* Simone de Beauvoir *In den besten Jahren*, Reinbek 1969, S. 376.

Im *Kriegstagebuch*, das von unserer gemeinsamen Flucht berichtet, entdeckte ich eine Stelle in einem Ton, der sich von demjenigem in *In den besten Jahren* unterscheidet und sehr unerfreulich ist. Wo sie von einem Alarm in der Umgebung von Chartres berichtet, der uns zwang, aus dem Auto zu steigen, schreibt sie verächtlich: «Auch wir sind ausgestiegen, Monsieur Védrine trug eine kostbare Aktentasche mit allen seinen Perlen.»*

Castor war so vernichtet von dem Gedanken, daß sie von Sartre getrennt sein würde und möglicherweise sein Leben in Gefahr war, daß sie im Auto mehrmals wiederholte: «Aber warum hört man mit dem Ganzen nicht auf? Warum schließt man keinen Waffenstillstand? Wozu nützt denn diese ganze Schlachterei?» Diese Äußerungen machten mich sehr wütend, und wir begannen uns zu streiten. Ich konnte diesen schlappen Pazifismus nicht akzeptieren, der nur auf persönlichen Motiven beruhte, während das ganze Land in Gefahr war. Etwas Grundsätzliches trennte uns: ich hatte einen gewissen Sinn für den historischen Vorgang, einen klaren Blick für die Wahl, die in diesem Augenblick zu treffen war – jene, von der einige Tage später General de Gaulle sprach. Simone de Beauvoir legte infantile Egozentrik an den Tag, völlige Zukunftsblindheit und einen individualistischen Anarchismus, der den besten Nährboden für Konfusion und Panik bot. Unser hitziger Disput symbolisierte trefflich jenen, der Frankreich im entscheidenden Moment in zwei Teile spaltete.

Die Reise verlief ohne Zwischenfälle; nach Chartres waren die Straßen fast leer, und wir setzten Castor in Laval ab, von wo sie nach La Pouèze, zum Haus ihrer Freundin Madame Morel, wollte – einem stattlichen, komfortablen Haus, wo Sartre und

* Simone de Beauvoir *Kriegstagebuch 1939–1941*, Reinbek 1994, S. 381, 382.

sie immer prächtig empfangen worden waren. Sie wurde dort freundschaftlich aufgenommen; man bemühte sich, sie zu trösten und ihr zu helfen, ihr erschüttertes nervliches Gleichgewicht wiederzufinden. Dort übrigens hörte sie, wie sie in *In den besten Jahren* erzählt, die Rede Pétains vom 17. Juni. Dies verursachte ihr Übelkeit, seiner «väterlichen, militärischen» Stimme wegen. Doch sie fügte hinzu: «Ich war erleichtert, weil endlich kein französisches Blut mehr fließen sollte. Welche grauenvolle Absurdität, diese ‹Hinhalte-Kommandos›, wo die Männer in sinnlosem Widerstand fielen!»* Erpicht darauf, wieder nach Paris zu kommen, wo sie von Sartre Neues zu erfahren hofft, reist sie gegen Ende Juni wieder ab.

In Quimper fanden wir meine Mutter äußerst nervös vor. Zwischen Mama und unseren Freunden Perrault herrschte eine gespannte Atmosphäre. Die beiden Söhne der Perraults waren Gefangene, und man hatte keine Nachricht von ihnen. Es war normal, daß ihre Eltern sehr besorgt waren. Meine Mutter war ihrerseits voller Angst. Daher rührte der Groll, der sich zwischen diesen alten Freunden entwickelt hatte. Später erfuhren die Perraults, daß ihr ältester Sohn Jean im Kessel von Dünkirchen gefangengenommen worden und nach Deutschland in ein Offizierslager gebracht worden war. Von dem anderen Sohn, Robert, wußten sie nichts. Ende Juli, als wir schon nach Paris zurückgekehrt waren, kreuzte Robert eines Morgens bei uns auf. Gemeinsam mit anderen gefangenen Offizieren war er aus einem Sammellager in Frankreich geflohen, noch vor dem Transport nach Deutschland. Wir nahmen ihn auf, kleideten ihn ein, und ich brachte für ihn und seine Freunde eine Kette von Mittelspersonen zustande, damit sie in die freie, nicht besetzte Zone gelangen konnten.

* Simone de Beauvoir *In den besten Jahren*, S. 381.

Von Quimper aus verfolgten wir mit Beklemmung die Ereignisse; wir wußten, daß die deutschen Truppen sehr rasch die Okkupation des Landes fortsetzen würden. Mein Vater stellte fest, daß es ein Fehler gewesen war, sich in die «bretonische Kammer» zu flüchten, die sich wie eine Fischreuse schloß. Er versuchte, mit uns weiter nach Süden zu gelangen und bei Nantes die Loire zu überqueren, aber unterwegs erfuhren wir, daß uns die Deutschen zuvorgekommen waren und alle Brücken über die Loire vermint waren. Trübselig mußten wir kehrtmachen. Rommels Panzer erreichten Cherbourg, danach Brest und Lorient. Den Deutschen kam es darauf an, diese wichtigen Kriegshäfen so schnell wie möglich einzunehmen, um jeden Kontakt zwischen Frankreich und England zu verhindern. Am 20. Juni marschierte die Vorhut der deutschen Truppen in Quimper ein. Theatralischer Einmarsch, wohlgeordnete Parade, die Aufklärer auf Motorrädern vorneweg, blond, glattrasiert, kerzengerade auf ihren Maschinen, stolz, das neue nationalsozialistische Deutschland zu repräsentieren.

Für die bretonische Bevölkerung wie auch für mich war dies der erste Kontakt mit einer Besatzungsarmee, etwas ganz Neues und Bedrohliches. Ich war äußerst nervös, und es machte mich wütend, Einwohner von Quimper vom Trottoir oder von ihren Balkonen aus neugierig, vielleicht bewundernd diese prächtigen Kerle auf ihren Streitrössern betrachten zu sehen. Ich hätte mir die Stadt wie tot gewünscht, alle Fensterläden geschlossen, die Geschäfte verriegelt. Allein die Tatsache, daß jemand sich diese militärische Parade ansah, fand ich empörend. Meine Eltern beunruhigte meine Übererregtheit, und sie beschlossen, mich wegzubringen. Sie fragten Monsieur Perrault um Rat, der ihnen sagte, er kenne auf dem Land, zwanzig Kilometer von Quimper entfernt, eine sehr sympathische Familie, die mich aufnehmen könnte. Er fuhr mich hin:

das war mein erster naher Kontakt mit bretonischen Landwirten sowie mit irgendeiner Form von ländlichem Leben.

Madame und Monsieur Lennon waren arme Bauern, die ihr Land nicht vollständig besaßen. Im Sommer arbeiteten sie etwa fünfzehn Stunden täglich. Sie hatten neun Kinder und erwarteten das zehnte. Das Bauernhaus war zudem äußerst schlicht ausgestattet: der Fußboden bestand aus gestampfter Erde, es gab kein fließendes Wasser (aber einen Brunnen), keine Elektrizität (man benutzte Karbidlampen), nicht einmal einen Küchenherd (man kochte den Speck und die Kartoffeln – die Grundmahlzeit – in einem Kessel, der über der Feuerstelle hing). Ich hatte noch nie unter solchen Bedingungen gelebt, aber da ich ungezwungen und herzlich aufgenommen wurde, gewöhnte ich mich sehr schnell daran. Sie nannten mich Blanche, da ich ihnen erzählt hatte, daß mein ursprünglich italienischer Name «die Weiße» bedeutete. Sie ließen mich im Haushalt oder auf den Feldern mitarbeiten. Sonntags nahm man mich im Fuhrwerk mit zur Messe, einer unendlich langen Messe, die teils bretonisch, teils lateinisch gehalten wurde. Danach kehrten wir heim zu einem Geflügelmittagessen, dem einzigen Fleischgericht der Woche.

Bei meiner Rückkehr nach Quimper fand ich wieder jene nervöse, düstere Atmosphäre vor, die ich auf dem Land, wo es weder Radio noch Zeitungen gegeben hatte und ich vollständig von der Welt abgeschnitten gewesen war, beinahe vergessen hatte. Die Situation war kompliziert. Mein Vater war seinem Temperament nach sehr unentschlossen, und meine Mutter änderte ständig ihre Meinung, sobald sie aber eine Idee hatte, gab sie keine Ruhe, bis sie ausgeführt war. An einem Tag wollte sie nach Paris zurück, am nächsten in der Bretagne bleiben. Die allgemeine Stimmung war scheußlich. Eine heftige Diskussion mit Monsieur Perrault über Mers el-Kébir stellte unsere Freundschaft in Frage. Im Stützpunkt Mers el-Kébir, in der

Nähe von Oran, befanden sich zur Zeit des Waffenstillstandes eine größere Anzahl französischer Kriegsschiffe. Laut dem Waffenstillstandsabkommen sollten die Schiffe in ihren Heimathäfen abgerüstet werden, und das Reich erklärte feierlich, sie würden für die Dauer des Krieges nicht eingesetzt. Die französischen Admirale, in ihrer Mehrzahl sehr vertragsgläubig, wollten den Worten der deutschen Generale glauben, während die Engländer, weitsichtiger und pragmatischer, diesen «Papierfetzen» (wie Hitler selbst sich über Verträge äußerte) keinen Glauben schenkten. Außerdem brauchten die Engländer dringend möglichst viele Schiffe, um ihre Insel zu verteidigen, und wünschten nicht, daß die französische Flotte in die Hände der Deutschen fiel. Man darf nicht vergessen, daß die Engländer zu jener Zeit die *einzigen* waren, die den Truppen des Dritten Reiches gegenüberstanden. Weder die Russen noch die Vereinigten Staaten waren in den Krieg eingetreten.

Am 3. Juli stellt der englische Admiral dem französischen Admiral ein Ultimatum, der lehnt es ab und bereitet sich auf den Kampf vor: die Engländer versenken den Kreuzer *Bretagne*, dann die *Dunkerque*; 1297 französische Matrosen werden getötet. In Frankreich wütet das von den Deutschen kontrollierte Radio und heizt, wie zu erwarten, die patriotischen Gefühle der Franzosen an, die soeben zwei Prunkstücke ihrer Flotte verloren haben. Ein paar Tage nach meiner Rückkehr aus Elliant hörten wir am Radio im Salon der Perraults die gehässige Propaganda. Mich überkam die Wut, und ich sagte brutal, dieser französische Admiral sei ein Idiot und für den Verlust der Kreuzer und der Männer verantwortlich; das einzige, was er hätte tun können, wäre gewesen, sich auf die Seite der Engländer zu schlagen und den Kampf gegen die Hitler-Truppen weiterzuführen. Monsieur Perrault, der ebenfalls heißblütig war, erwiderte mir heftig, die Engländer seien schon immer die Feinde Frankreichs gewesen, sie hätten nicht das Recht, einem französischen Admiral Befehle zu erteilen, ich hätte keine Ahnung, welche Summen der Bau dieser Schiffe gekostet hatte, und im übrigen könnte ich diese Sache nicht verstehen, «weil du keine Französin bist»! Dies in jenem Augenblick aus dem Mund unseres liebsten und ältesten Freundes zu hören kam mir so unerträglich vor, als hätte ich eine schwere Verbrennung erlitten. Ich fing zu schreien an und erklärte, ich würde dieses Haus für immer verlassen, ich würde es nie im Leben mehr wiedersehen, und ich verschwand, um mich auf meinem Bett richtig auszuweinen.

Diese Episode hat sich mir als eine der wichtigsten meines Lebens tief eingeprägt. Wenn ein Mann, den ich sehr gern hatte, auch nur erwägen konnte, eine politische Meinungsverschiedenheit darauf zurückzuführen, daß ich nicht wie er im französischen Boden verwurzelt war, weshalb ich auch kein Recht zu reden hätte, so offenbarte sich darin eine versteckte, wieder aus der Tiefe aufgestiegene Xenophobie, die Jahre der Freundschaft mit einemmal hinwegfegte. Obwohl Monsieur Perrault sich rasch bei mir entschuldigte, konnte ich ihm nicht verzeihen – die Sache war zu ernst. Er hatte mich mit einem Stigma gezeichnet, welches mir verbot, über die aktuellen Probleme nachzudenken: in jener Zeit, in der über uns die Bedrohung schwebte, daß wir uns behandelt sehen würden wie Ungeziefer, das man durch Vergasen los wird, hatte er mir das Attribut abgesprochen, Französin zu sein, was mir die einzige solide Identität nahm, auf die ich Anspruch erhob. Ich hatte die Glocke unseres Todes läuten hören – weil wir Juden waren, die man für immer ausschloß aus diesem Land, das sie einst brüderlich aufgenommen hatte.

Sehr spät erst, als Zehnjährige, erfuhr ich im Hof des Lycée Molière durch ein Schimpfwort, das mir nachgerufen wurde, daß ich eine besondere Identität trug. Ich ging nach Hause und fragte meine Mutter, was das heiße, «dreckige Jüdin», was es bedeute, Jude zu sein. Ich kann mich an die Antwort nicht mehr erinnern – gewiß hat meine Mutter, die in ihre eigene Falle gegangen war, mir etwas Wirres gesagt. Meine Eltern hatten tatsächlich von ganzem Herzen geglaubt, sie könnten in Frankreich endlich «wie alle anderen» sein, ohne besondere Merkmale, die einen als Opfer der Mächtigen kennzeichnen. Daß meine Eltern mir diese Beleidigung, die mir widerfahren war, erklären mußten, bedeutete das Ende dieser Hoffnung. Sie wußten nicht, wie sie mir die *wahre* Situation erklären sollten, die ihre Vergangenheit beherrscht hatte und im Begriff war, unsere Zukunft zu bestimmen. Wenn sie sich in dieser wichtigen Frage einer Stellungnahme enthielten, dann weil sie so sehnlichst wünschten, ihrem früheren österreichisch-russisch-polnischen Leben, in dem sie ständig mißachtet, ständig verfolgt gewesen waren, den Rücken zu kehren, um endlich eine würdige neue Existenz zu gründen.

Man muß wissen, daß meine Eltern absolut irreligiös, entschiedene Atheisten waren; sie hatten sich in ihrer Jugend in Polen politisch in Gruppen jüdischer Sozialisten engagiert und waren voller Mißtrauen den Synagogen und Rabbinern gegenüber. In Frankreich hatte ich keinerlei Kontakt mit dem traditionellen Judaismus, außer wenn ich meine Großmütter besuchte. Mit meiner Großmutter väterlicherseits versuchte ich, polnisch zu sprechen: bei ihr hatte ich die Vorbereitungen für den Sabbat gesehen, die hübschen Kerzen auf dem Kaminsims, aber wie es Kinder tun, stellte ich mir dazu keine Fragen, und die Bedeutung des Rituals kannte ich nicht. Meine andere Großmutter (sie war zugleich jene von Georges Perec), die ich wenig sah, führte ein winziges Lebensmittelgeschäft in Belleville, und in ihrem Laden wurde nur jiddisch gesprochen, wovon ich kein Wort verstand. Während meiner ganzen Kindheit war ich vielleicht zweimal in einer Synagoge: als meine Tanten heirateten. Das heißt, daß Jude zu sein für mich nur einen äußerlichen, fast fremdartigen Sinn haben konnte. Gemäß der Erziehung, die ich genossen hatte, war meine konstante Haltung die, daß ich mich von anderen Kindern nicht unterscheidbar fühlte. So erklärt sich die außergewöhnliche Heftigkeit meiner Reaktion auf die Äußerungen von Monsieur Perrault: da ich der jüdischen Identität, die man mir von außen auftrug, keine klare Bedeutung beimaß, nahm er mir, als er sich weigerte, mich als Französin anzuerkennen, die Wurzeln, die ich als meine wahren betrachtete, und lieferte mich nackt und schutzlos den Nazis aus.»

Da wir den Deutschen, die in Quimper ebenso waren wie in Paris, nicht entkommen konnten, beschlossen wir Ende Juli traurig, das Vernünftigste sei, nach Hause zurückzukehren. Mein Vater wollte seine Geschäfte wiederaufnehmen, und ich sehnte mich danach, Castor wiederzusehen.

Ihre Haltung war ambivalent: sie hatte Lust, mich wiederzusehen, aber zugleich gingen ihr, wie sie an Sartre schrieb, meine «entschieden verzweifelten Reaktionen»* auf die Nerven, was erklärt, daß sie schreibt: «Ich war ihr gegenüber noch nie so kühl, genau gesagt, ich finde nichts Interessantes mehr an ihr.»**

Als sie zwanzig Jahre später – unter Verwendung der Tagebücher von 1940 – *In den besten Jahren* schreibt, schildert sie ihre Gefühle weitaus nobler: «Bianca verzehrte sich vor Angst, und ich konnte nichts daran ändern; ich fühlte, daß sie von mir isoliert war, allein. Ich erinnere mich an die Zeit, als ich zu Olga sagte: ‹Es gibt keine Juden, es gibt nur Menschen!› Wie abstrakt war ich damals gewesen! Schon 1939, als Bianca mir von ihren Wiener Vettern erzählte, hatte ich mit einer Art von

* Simone de Beauvoir *Lettres à Sartre*, Paris, Band II, p. 181.
** *Ibid.*, p. 182.

Scham gespürt, daß sie nicht die gleiche Geschichte hatte wie ich. Jetzt wurde mir eindringlich klar: Sie war in Gefahr, während ich nichts Bestimmtes zu befürchten hatte. Unsere Verbundenheit, unsere Freundschaft vermochten den Abgrund nicht zu überbrücken. Weder sie noch ich konnten ihn ermessen, und sie vermied es, vielleicht aus Großzügigkeit noch sorgfältiger als ich, ihn zu sondieren. Doch wenn sie sich auch gegen die Verbitterung wehrte, ich konnte mich einem Unbehagen nicht entziehen, das viel von schlechtem Gewissen an sich hatte.»* Dieses Unbehagen wollte sie nicht hinnehmen – weil sie ein für allemal beschlossen hatte, glücklich zu sein; was zum Teil die Zurückweisung erklärt, der ich anheimfallen sollte: die prekäre Lage, in der die Juden sich befanden, meine bloße Existenz störten ihr Glück.

Möglicherweise gibt es für den auffälligen Unterschied im Ton zwischen den Briefen und *In den besten Jahren* noch einen weiteren Grund. Wo sie sich direkt an Sartre wendet, trickst sie, verschleiert die Fakten, zumal jene, die mich betreffen; sie schmückt aus, möchte ihn amüsieren, sein Interesse wachhalten. Sie erfindet zu ihren Gunsten vulgäre oder karikaturhafte Tableaux, eine reizvollere Version vom Leben. Vergessen wir auch nicht, daß Sartre im Februar die Beziehung zu mir abgebrochen hatte. So neigte sie natürlich dazu, mich ihrem Partner kümmerlich darzustellen, um seine Position zu stützen: da Sartre mich aus seinem Leben entfernt hatte, verlor ich allein dadurch in seinen Augen viel von meinem Wert. Und Simone de Beauvoir bereitete sich ihrerseits darauf vor, mit mir just in dem Moment zu brechen, da ich sie am meisten brauchte.

Am 31. August, als alle meine Freunde aus ihren jeweiligen Exilorten zurückgekehrt waren, beschlossen wir gemeinsam,

* Simone de Beauvoir *In den besten Jahren*, Reinbek 1969, S. 395.

ein großes Fest zu geben. Jacques Besse, ein ausgezeichneter Musiker, ehemaliger Mitschüler von Bernard und ebenfalls Sartre-Schüler, wohnte allein in der großen Wohnung seiner Eltern in Neuilly. Wir machten aus, daß jeder an Essen mitbrächte, was er auftreiben konnte, denn der Mangel begann spürbar zu werden. Jacques, der Sohn und Enkel von Weinbauern, sorgte für Wein und Marc. Das Fest dauerte anderthalb Tage: wir aßen, tranken, sangen. Jacques spielte für uns klassische Musik und Jazz, eine junge Schauspielerin deklamierte Racine. Am Abend hatten wir keine Lust, uns zu trennen: wir übernachteten auf dem Fußboden und den Sofas. Alle meine Freunde tranken reichlich, außer mir, denn von Alkohol schlafe ich ein. Da wir keinen Plattenspieler hatten, schlug Bernard am Nachmittag des ersten Tages vor, seinen zu holen, und ich begleitete ihn. Vom Wein kühn geworden, küßte mich Bernard auf diesem Weg zum erstenmal. Ich muß sagen, daß mich dieser Kuß sehr gerührt hat. Es war die Einladung zu schlichten Vergnügungen mit einem Jungen meines Alters, eine angenehme Abwechslung nach den komplizierten, schmerzlichen Beziehungen zu Sartre und Castor. Bernard war verführerisch, sehr schön; sein Gesicht, das ein wenig dem von Éluard glich, prägte eine hohe Stirn. Sein Lächeln war manchmal sanft, manchmal ironisch. Er besaß viel Humor, einen oft schwarzen Humor, in dem sein Pessimismus zum Ausdruck kam. Zunächst hatte er sich der Poesie zugewandt, sich danach für Dada und den Surrealismus begeistert (er schrieb selbst surrealistische Gedichte). Was sein Leben aber verändert hatte, war die Entdeckung des Jazz, in dem er sich vorzüglich auskannte; er war, wie Jacques Besse, ganz davon erfüllt. Er galt als überaus diskret, denn er sprach wenig von seinen Leidenschaften. Er war sehr zurückhaltend, schüchtern, fast verschwiegen, und seine mysteriöse Stummheit machte manchmal ein bißchen angst. Sartres Unterricht hatte ihn zur

Philosophie geführt; erst viel später wurde mir klar, daß er sich für die Künste und die Literatur ebenso interessierte wie für abstrakte Theorien. Er studierte jedoch sehr ernsthaft, denn er war bei den Jesuiten des Collège Saint-Joseph in Lille anständig erzogen worden, und vor allem wollte er einen soliden Brotberuf haben.

Gegen Ende September schlug ich Castor eine richtige Radtour vor, denn das Fahrrad stellte anscheinend ihre neuste Eroberung dar. Wir beschlossen, Morbihan zu besuchen. Wir stiegen vor Nantes aus dem Zug, schlenderten in Guérande umher, durchquerten das verlassene La Baule und sahen uns dann systematisch das ganze Département an. Wir fuhren täglich etwa 100 Kilometer, machten in den Dörfern halt und besichtigten Kirchen und Schlösser. Wir waren gut trainiert; ich war schon immer viel radgefahren, und Castor hatte stählerne Waden und war sehr begierig, alles zu sehen. Wir stellten fest, daß das Fahrrad eine wunderbare Möglichkeit ist, ein Land kennenzulernen; daß man mehr von der Landschaft sieht als im Auto und daß man dennoch schneller vorwärtskommt als zu Fuß! Jedenfalls amüsierten wir uns nicht schlecht und verstanden uns wieder gut. Manchmal war das Pedaltreten besonders hart, zum Beispiel, als wir gegen den Wind die Halbinsel Quiberon hinauffuhren. Sicher hinderte mich diese sportliche Kameradschaft daran zu spüren, daß Castors Gefühle kälter geworden waren. Nachdem wir Rochefort-en-Terre bewundert hatten, kehrten wir nach Paris zurück. Am Schluß ihrer kurzen Schilderung dieser Tour durch die Bretagne schreibt Simone de Beauvoir: «Auf den Landstraßen trafen wir keine Deutschen . . . Während dieser vierzehn Tage habe ich sie fast vergessen: Etwas von der früheren Schönheit des Lebens erwachte von neuem. Dann fuhren wir heim.»*

* Simone de Beauvoir *In den besten Jahren*, S. 397.

Als wir zurückkamen, spürte ich dann doch, daß Castor sich von mir entfernte. Vielleicht betrachtete sie unsere Radtour als Abschiedsreise. Ich wußte nicht, daß Jacques-Laurent Bost (der kleine Bost) vorhanden war und daß sie ihn immer lieber sah. Er war in den Kämpfen von 1940 verwundet worden und auf dem Weg zur Gesundung. Sie begann mir zu erklären, daß sie mich nicht mehr so oft sehen könne wie früher, daß sie die Anzahl unserer Begegnungen verringern müsse. Als ich heftig und verzweifelt Einspruch erhob, gestand sie mir endlich, daß sie eine «Idylle» (dieses Wort benutzte sie) mit Bost habe. Plötzlich blieb mir die Luft weg, und ich brach zusammen. Ich wehrte mich, wie ich nur konnte. Ich ahnte, daß diese Idylle schon lange bestand, und warf ihr heftig vor, mich belogen zu haben. Sie antwortete, sie habe gezögert, es mir zu sagen, um mir keinen Kummer zu bereiten. Für mich verschärfte diese Lüge noch meinen Schmerz, denn ich ertrug es nicht, wenn man mich in so wichtigen Fragen anlog. Zum zweitenmal in einem Jahr fühlte ich mich verlassen, gedemütigt, vernichtet. Das ganze schöne Abenteuer, diese verführerische Trio-Konstruktion stürzte ein wie ein Kartenhaus. Ich war unsäglich verzweifelt, denn meine Bindung an Castor war viel intensiver gewesen als meine Gefühle für Sartre.

Nach meiner Erinnerung, die in diesem Punkt sehr deutlich ist, war ich es, die beschloß, sofort jede Verbindung zu Castor abzubrechen. Halbe Dinge konnte ich nicht ertragen, und ich wollte mich nicht an sie klammern, wenn sie nichts mehr von mir wissen wollte. Vielleicht habe ich diesen brüsken Beschluß jedoch zurückgenommen, denn Simone de Beauvoir berichtet in ihren Briefen (falls sie darin die Wahrheit sagt) von mehreren Treffen – in immer längeren Abständen – bis zu meiner Hochzeit.

Castor fand sich leicht mit Leid ab, das sie anderen zufügte. In ihrem Brief an Sartre vom 18. Oktober stellt sie die Fakten folgendermaßen dar: «Ich habe mit Louise nahezu gebrochen; es gab Tränen (ich habe ihr alles über Bost gesagt), aber sie hat eine Idylle mit Ramblin (Lamblin), und es kommt schon wieder hin.»* Es beruhigte sie also, daß ich begann, mich für Bernard zu interessieren. Sie glaubte, daß man Gefühle durch andere ersetzen kann – wie Schachfiguren. Sie dachte nicht daran, sich zu fragen, wie tief meine Wunde war. Sobald sie meiner überdrüssig war, sobald sie Sartre dazu gebracht hatte, daß er als erster mit mir brach, und als ihre Affäre mit dem kleinen Bost sie mehr denn je interessierte (sie hatte mir am Tag des Bruchs gestanden, sie habe entdeckt, daß ihr sexuelle Beziehungen mit Männern lieber seien als die mit Frauen), warum sollte sie sich da noch genieren? Zum Teufel mit den Schwüren und den Versprechen eines Lebens zu dritt.

Nun war das Dreieck komplett zerschlagen. Ich war übel abgeschüttelt worden, und dieser doppelte vernichtende Schlag traf mich im Jahr 1940. Dem Zerbrechen des Landes unter dem Gewicht der Hitler-Armee, der abstoßenden Unterwerfung der Vichy-Regierung unter die Nazi-Gesetze entsprach auf der persönlichen Ebene ein vorsätzlicher Versuch, mich moralisch zu vernichten. Heute, wo so viele Jahre seit jener Verwundung vergangen sind, kann ich sagen, daß ich trotz des gegenteiligen Anscheins und trotz meiner Fähigkeit, mich «wiederaufzurichten» und eine neue Existenz zu begründen, mein ganzes Leben lang schwer an jenem Verlassenwerden getragen habe. Um zu beschreiben, was in jener Situation in mir vorgegangen ist, kann ich nur auf das Bild eines Ertrinkenden zurückgreifen: er klammert sich an eine Planke, und wunderbarerweise gelingt es ihm zu überleben. So krallte ich mich trotz meiner wirklichen Verzweiflung instinktiv am Leben fest und konnte Leib und Seele retten.

* Simone de Beauvoir *Lettres à Sartre*, Paris, Band II, pp. 192 und 193.

Wirklich konnte es den Anschein haben, als wäre ich auf dem Wege der Gesundung, denn ich war – noch vor unserer Trennung – eine neue Liebesbeziehung eingegangen. Mehrfach spielt Simone de Beauvoir in ihren Briefen an Sartre darauf an: erstaunt beobachtet sie, daß ich mich mehr und mehr für Bernard interessiere. In Wahrheit litt ich daran, von ihnen verlassen worden zu sein, und erlebte gleichzeitig das Erwachen einer neuen Liebe.

Wenn ich vorläufig von der Beschreibung individueller Empfindungen zur Betrachtung der kollektiven Ereignisse übergehe, muß ich erwähnen, daß nach einer deutschen Verordnung vom 2. Oktober 1940 alle Juden und alle jüdischen Unternehmen sich als solche erklären mußten. Nach langem Beratschlagen und Zögern ging mein Vater, wie fast alle Juden, die ich kannte, zum Kommissariat und ließ sich auf die Liste setzen.* Wahrhaftig hätte er dies besser unterlassen, doch jemand, der David Bienenfeld heißt, hat gute Gründe, die Obrigkeit zu fürchten. Gleichzeitig unternahm er verschiedene Schritte, um nach USA ausreisen zu können, aber aus unbekannten Gründen kam er damit nicht zum Ziel. Daher stellte er sich für mich eine Rettung spezieller Art vor; er hatte erfahren, daß man, wenn man einen amerikanischen Staatsbürger heiratete, mit ihm nach USA ausreisen konnte; war man einmal dort, konnte man sich einfach wieder scheiden lassen.

* Alle von den Beamten ausgefüllten Formulare wurden in der Polizeipräfektur gesammelt und dienten den französischen und deutschen Behörden später bei den Verhaftungen. Die Pariser Juden sollten eingeschüchtert werden, und in der Mehrzahl gaben sie diese «freiwillige» Erklärung ab, um bloß nicht in Konflikt mit dem (französischen) Gesetz zu geraten. Diese Liste behauptet der Jurist Klarsfeld in den Archiven des Ministeriums für die ehemaligen Kriegsteilnehmer am 12. November 1991 entdeckt zu haben – eine anfechtbare Behauptung. Im Januar 1993 ist die «Affäre» um diese Akte noch keineswegs geklärt.

Diese «Masche» schlug er mir vor, aber sie gefiel mir nicht; erstens hätte ich Bernard verlassen müssen, in den ich verliebt war; zweitens hätte ich meine Eltern und meine Schwester, den tödlichen Gefahren der Okkupation ausgesetzt, zurücklassen müssen; und schließlich hieß auszureisen, sich auf ein ungewisses, unerfreuliches Abenteuer einzulassen. Mein Vater erkannte jedoch klar die Gefahr, die uns allen drohte, und drängte mich sehr, auf den Plan einzugehen. Widerstrebend gab ich schließlich nach. Ich weiß nicht, wie Papa einen jungen Amerikaner auftrieb, der am Montparnasse wohnte und dem er erst Geld gab, dann einen Anzug kaufte. Im Rathaus des 16. Arrondissements wurde das Aufgebot bestellt; die Zeugen wurden benachrichtigt. Am vorgesehenen Tag begaben wir uns alle zum Rathaus: der Amerikaner erschien nicht, und wir sahen ihn nie wieder. Später erfuhren wir, daß er sich mit dem Geld meines Vaters bis zur Besinnungslosigkeit betrunken hatte und daß er in der Stunde des Trautermins schlief. Ein Schlag ins Wasser. Freudig rief ich Bernard an und verkündete ihm die Nachricht. Unbewußt wünschte ich zweifellos, mein Geschick möge das gemeinsame, das meiner Familie sein. Bei Bernard bleiben zu können wurde für mich zum Wichtigsten; alle Gefahren traten dahinter zurück.

Castors Haltung in diesen Wochen, wie sie mir bei der Lektüre der *Lettres à Sartre* erscheint, zeugt von großer Herzenskälte und von völliger Gleichgültigkeit gegenüber den Problemen, die sich für mich ergeben konnten. Erst bemerkt sie: «Anscheinend ist mein Bruch mit Louise endgültig, ich höre nichts mehr von ihr»*; dann schreibt sie: «Ich nahm die Métro und traf mich mit Louise, um mit ihr zur Probe des Konservatoriums zu gehen. Wie gesagt, haben wir uns getrennt, dann wieder Verbindung aufgenommen; es tut sich nichts; aber es

* Simone de Beauvoir *Lettres à Sartre*, Paris, Band II, p. 200.

zieht sich dahin, weil sie in vierzehn Tagen heiratet und mit ihrem Mann nach Amerika gehen wird; ohne Zweifel werden wir uns im Leben nicht mehr sehen, und damit ist das Problem gelöst. Ramblin ist selbstverständlich verzweifelt.»* Im Brief vom 31. Dezember wird ihr Ton offen giftig: «Ich habe Védrine gesehen, die jetzt ständig bebende Nüstern, Atemnot und Seelenängste hat. Ihr Vater verhandelte mit Monsieur Ramblin: sie weiß, daß sie in vierzehn Tagen heiratet, aber nicht wen: Ramblin oder den Amerikaner. Eine leidige Situation, für die ich aber einfach kein Mitgefühl aufbringen kann.»**

Diese ganz grundlose Boshaftigkeit, mit der sie sich weigert, die Ursachen der Konfusion zu begreifen, welche die meisten Juden im besetzten Gebiet durchlebten, beruht zweifellos auch auf Verdruß. Gewiß hatte sie mich aus ihrem Leben hinausgeworfen; aber als sie merkt, daß ich zu reagieren versuche, daß ich mich in einen meiner Kommilitonen verliebt habe, empfindet sie Bitterkeit. Anders ist nicht zu erklären, daß sie absichtlich die Scheinehe, die nur den Zweck haben sollte, mich aus Frankreich hinauszubringen, mit dem Projekt der Heirat mit Bernard vermengt, das auf Liebe und Freundschaft beruhte und einen ganz anderen Wert besaß. Zu Simone de Beauvoirs Verdruß kommt jedoch jene Gereiztheit hinzu, die sie immer aufweist, wo es um die Ehe geht, die sie automatisch mit dem bourgeoisen Leben gleichsetzt, einer in ihren Augen lächerlichen, hassenswerten Lebensform. Als ob nur bourgeoise Leute heiraten und Kinder kriegen würden!

Nachdem der Versuch, mir die Ausreise nach USA zu ermöglichen, gescheitert war, drängten mich meine Eltern – die stets darum besorgt waren, was mir geschehen könnte, und um

* *Ibid.*, pp. 204 und 205.
** *Ibid.*, p. 218.

meine Neigung zu Bernard wußten –, ihn zu heiraten, denn so wäre ich durch einen französisch klingenden Namen geschützt und hätte in einer problematischen Situation der Obrigkeit gegenüber einen Trumpf. Meine Eltern hatten diese Idee, nicht ich; eines Morgens stellten sie mir die Frage: «Würdest du Bernard gern heiraten?», eine Vorstellung, die mir zunächst ganz sonderbar vorkam. Zu jener Zeit heiratete man eigentlich nicht, bevor man nicht wußte, wie man seinen Lebensunterhalt bestreiten würde. Normalerweise hätten wir gewartet, bis wir unser Studium abgeschlossen und die Lehrberechtigung in der Tasche hatten, bevor wir im Traum ans Heiraten gedacht hätten. Aber es war in jeder Hinsicht eine Ausnahmezeit: es ging darum, seine Haut zu retten. Die Schicklichkeitsregeln konnten nicht mehr gelten. Ich hörte mir ernsthaft an, was mein Vater zu sagen hatte, und ein paar Tage später redete ich darüber mit Bernard.

Zunächst einmal mußte ich ihn über die Umstände meines doppelten Abenteuers mit Sartre und Castor und über den Bruch zwischen ihnen und mir informieren. Wir saßen im Jardin du Luxembourg: ich sprach, und Bernard hörte zu, ohne etwas zu sagen. Als ich meinen Bericht beendet hatte, verhehlte ich ihm nicht, daß ich von meinen vergangenen Lieben sehr aufgewühlt war und noch unter einem Schock stand. Ich sagte auch, er müsse wissen, daß er seine Professorenkarriere aufs Spiel setze, falls er mich heiratete, denn die Nazis gaben sich alle Mühe, Mischehen zu zerstören und jene zu verfolgen, die so töricht gewesen waren, eine Jüdin zu heiraten: so verfuhren sie in Deutschland. Ich bat Bernard, über all diese Punkte nachzudenken und mich seine Entscheidung wissen zu lassen. Sein Wunsch, mich zu heiraten, geriet dadurch nicht ins Wanken. Es blieb nur noch die Notwendigkeit, mit seinen Eltern zu sprechen, denen ich die vorhersehbaren Folgen einer Ehe mit einer Jüdin vor Augen führte.

Nach einigen Tagen erklärten sie mir, sie seien trotz allem damit einverstanden, daß Bernard mich heiratete, was mich, da es von bourgeoisen Franzosen kam, sehr erstaunte und tief berührte. Ich brachte ihnen dafür Achtung und Zuneigung entgegen. Ich meine noch immer, daß es zu jener Zeit kaum Eltern eines einzigen Sohns gegeben hat, die einer solchen Verbindung zugestimmt hätten. Wahr ist, daß Bernard sehr verliebt war und daß dies meine sehr romantische Schwiegermutter rührte. Die einzige Bedingung, die meine zukünftigen Schwiegereltern stellten, bestand darin, daß wir uns verpflichteten, unsere Kinder taufen zu lassen: und das versprachen wir, obwohl wir beide pure Atheisten waren.

Wir heirateten am 12. Februar 1941 ohne Zeremonie im Rathaus des 16. Arrondissements. Als wir aus dem Restaurant kamen, in dem wir das Ereignis gefeiert hatten, sahen wir einen Trupp deutscher Soldaten vorbeimarschieren, die etwas Kriegerisches sangen. Ein düsteres Vorzeichen. Dann machten wir uns wieder an unsere Arbeit als Studenten, denn wir mußten noch einige späte Prüfungen ablegen. Erst als wir unsere Examen hinter uns hatten, fuhren wir zur Erholung ins Baskenland. Wir waren erschöpft, aber glücklich, zusammenzusein und an den verlassenen Stränden entlang oder durch die Hügel zu wandern. Dennoch machten sich die Nachwirkungen all dessen, was ich durchlebt hatte, brutal bemerkbar, und ich fiel in eine echte Depression. Jeden Abend weinte ich lange, bevor ich einschlief. Ich konnte diese Tränen nicht unterdrücken, obwohl mir durchaus bewußt war, daß sie Bernard kränken mußten. Aber er war so mitfühlend, so sanft und zärtlich, daß allein seine Gegenwart mich tröstete: ich sah, daß ich mich auf ihn verlassen konnte. Ich suchte einen Arzt auf, der mich mit Spritzen zu kurieren versuchte. Gleichwohl war dies kein sehr ermutigender Beginn für ein gemeinsames Leben: Bernard mußte seine ganze Liebe und Generosität aufbieten, um es hinnehmen zu können.

Nach diesem Monat der Ruhe kehrten wir nach Paris zurück und richteten uns in der rue Vésale, nicht weit vom carrefour des Gobelins, in einer kleinen Wohnung ein, die meine Mutter für uns gemietet und partiell möbliert hatte. Im März erfuhren wir, daß Sartre zurück war; er hatte seine Entlassung aus dem Kriegsgefangenenlager mit Hilfe einer falschen ärztlichen Bescheinigung erreicht.* Wohlgemerkt, wir hatten mit ihm und Simone de Beauvoir jede Verbindung abgebrochen, aber manchmal hörten wir etwas über sie von Raoul Lévy, der weiterhin mit ihnen zusammenkam. Wir erfuhren über Freunde von der Gründung der Gruppe «Socialisme et liberté», jener Pseudo-Résistance-Gruppe, aber alles, was wir darüber hörten, hielt uns davon fern. Die Anmaßung, Unverantwortlichkeit und Ineffizienz der «Aktion» Sartres und seiner Umgebung stieß uns ab. Wir befürchteten, daß deren Dilettantismus, Unvorsichtigkeit und Leichtfertigkeit für einen unserer Freunde zur Katastrophe werden könnte. Zum Glück geschah das nicht, und wenn Yvonne Picard im Juni 1942 verhaftet wurde, so nicht wegen der Aktivitäten von «Socialisme et liberté»: Yvonne, die wir sehr mochten, hatte den Dilettantismus der Gruppe erkannt, sie schon vor längerem verlassen und sich der Kommunistischen Jugend angeschlossen. Zuvor hatte Sartre es aus eigenem Antrieb unternommen, die künftige Verfassung des französischen Staats zu schreiben! Dieser Text existierte tatsächlich. Raoul erzählte uns oft davon, und gemeinsam machten wir uns über die Anmaßung des Autors lustig, der entschieden vor nichts zurückschreckte. Schade, daß der Text offenbar verlorengegangen ist: man könnte darin – als eine der wichtigsten Bestimmungen der künftigen Verfassung – lesen, daß Professoren, die zugleich Schriftsteller sind, besoldeten Urlaub nehmen können!

* Annie Cohen-Solal *Sartre, 1905–1980*, Reinbek 1988, S. 264.

Die Okkupation bedeutete für uns anfangs das, was sie für die meisten Franzosen bedeutete: die Suche nach Nahrungsmitteln und Heizmöglichkeiten, aber auch anhaltende Wachsamkeit, damit man vielleicht der Festnahme entging. In unserer Wohnung herrschte eisige Kälte, und in dem strengen Winter 1941/42 war es dort nur schwer auszuhalten. Wir arbeiteten oft in Bibliotheken oder Cafés, und wenn die Lage verzweifelt war, wärmten wir uns im Gewächshaus des Jardin des plantes auf, in dem es köstlich schwül war. Vor Unterernährung wurden wir durch Madame Lennon gerettet, die Pakete mit Kartoffeln, Schweineschmalz und Eiern schickte. Manche Pariser waren in dieser Lage: ihre Verwandten oder Freunde auf dem Land versorgten sie mit Lebensmitteln.

Während des akademischen Jahres 1941/42 wurde Professor Jean Wahl von seinem Lehrstuhl an der Sorbonne gejagt. Von der ministeriellen Entscheidung benachrichtigte ihn Émile Bréhier, was Wahl ihm nie verziehen hat. Wütend darüber, an der Ausübung seines Berufs gehindert zu werden, beschloß er, seine Seminare im Salon seines Wohnhauses in der rue des Beaux-Arts abzuhalten. Mehrere seiner Studenten, darunter wir, gingen jede Woche dorthin, um dem Meister zuzuhören und mit ihm zu diskutieren. Wir waren uns der Gefahr nicht im mindesten bewußt. Jean Wahl seinerseits schien in einer anderen Welt zu leben, fern von den Bedrohungen, die auf uns allen bereits lasteten. Gleichwohl wurde er festgenommen und nach Drancy geschickt. Zum Glück konnte er seine Freilassung erreichen, und er reiste in die Vereinigten Staaten aus. Ich dagegen, die ich, abgesehen von diesem Kontakt mit der Philosophie, mehr der Treue und Freundschaft als einem wahren Interesse am reinen Denken verpflichtet war, blieb den abstrakten Problemen sehr fern und schaffte es nicht mehr, mich für anderes als die Ereignisse zu interessieren, die mit dem kriegerischen Konflikt zusammenhingen. Man sollte sich vor

Augen führen, daß wir uns am Boden des Abgrunds befanden und nicht die mindeste Ahnung hatten, wie dieser Krieg ausgehen würde. Erst im Februar 1943, als Stalingrad, seit Oktober 1942 eingekesselt, fiel, war ein glücklicher Ausgang des Konflikts abzusehen.

Mein Vater wollte in Paris bleiben, wo er noch gewissen Geschäften nachgehen konnte. Er ahnte, daß er sehr bald Geld brauchen würde, um seine Familie zu unterhalten, denn in diesen Zeiten der Verfolgung war Geld das Wichtigste überhaupt. Meine Mutter war sehr verängstigt und drängte meinen Vater, Paris zu verlassen. Besonders gefährlich war das Dekret vom 21. März 1941, durch welches meiner ganzen Familie (einschließlich mir) die französische Staatsbürgerschaft entzogen wurde: wir waren Staatenlose geworden – die ersten, die festgenommen und deportiert wurden. Nur mir wurde durch einen berichtigenden Erlaß im Juli die französische Nationalität wieder zuerkannt, weil ich mit einem geborenen Franzosen verheiratet war.

Erst nachdem mein Vater im Juni 1941 wie durch ein Wunder der Verhaftung entgangen war, fand er sich schließlich bereit, Paris zu verlassen. An der Métro-Station Cadet, an der er täglich ausstieg, um in sein Büro zu gehen, gab es eine Ausweiskontrolle. Die Polizisten prüften die Papiere aller Fahrgäste und nahmen diejenigen, die ihnen wie Juden vorkamen, mit. Glücklicherweise war mein Vater an diesem Tag mit einem Freund verabredet und stieg eine Station früher aus. Nun bekam er es wirklich mit der Angst zu tun und fand sich damit ab, daß er seine Geschäfte aufgeben mußte. Mit meiner Mutter und meiner Schwester fuhr er nach Villard-de-Lans zu einer meiner Tanten, die schon dorthin gezogen war.

Bernard und ich blieben in Paris allein zurück, letztlich nicht ganz allein, weil Bernards Eltern weiterhin in Neuilly wohnten und meine Großeltern mütterlicherseits sowie meine Tante

Cécile, die Mutter von Georges Perec, ärmlich in Belleville lebten. Noch immer führte meine Großmutter dort ihren winzigen jüdischen Kramladen, mein Großvater brummelte in seinen Bart, ging zur Synagoge und diskutierte wie gewohnt auf jiddisch mit seinen Freunden. Cécile hatte aus Mangel an Kundinnen ihre Tätigkeit als Friseuse aufgeben müssen und arbeitete in der Fabrik Jaz in Suresnes. Sobald meine Mutter in Villard-de-Lans eingerichtet war, bot sie ihrer Schwägerin an, den kleinen Georges in die Berge kommen zu lassen und ihn zu hüten. Meine Mutter hing sehr an Georges, dem Sohn ihres jüngeren Bruders, um den sie sich viel gekümmert hatte. Meine Tante zögerte lange; sie war sehr mitgenommen vom Tod ihres Mannes, der als Freiwilliger in einem Ausländerregiment wenige Tage vor dem Waffenstillstand an der Front gefallen war. Sich von ihrem Sohn zu trennen kam ihr undenkbar vor. Schließlich willigte sie ein, um das Kind zu retten, denn die Drohungen wurden besonders in jenem Viertel von Belleville immer konkreter. Eines Abends im November 1941 fuhren Cécile und ich mit Georges zur gare de Lyon; er war fünfeinhalb Jahre alt und begriff nicht recht, was vorging. Seine Mutter hatte ihm ein *Charlot*-Heft gekauft, auf das er in *W ou le souvenir d'enfance** anspielt; um den Hals trug er ein Schild mit seinem Namen und seinem Bestimmungsort. Die Damen vom Roten Kreuz begleiteten diese Kinder, die meisten davon «Kinder von Gefallenen». Am Ziel der Reise, in Grenoble, sollte meine Mutter Georges abholen und in Obhut nehmen.

Da Cécile nun allein und über die Trennung von ihrem Sohn sehr niedergeschlagen war, kam sie uns am Wochenende oft besuchen. Manchmal brachte sie uns ein Stück Fleisch mit, das sie auf dem Schwarzmarkt ergattert hatte. Wir sprachen über

* Georges Perec *W ou le souvenir d'enfance*, Paris, 1975.

Georges, von dem wir nur Gutes hörten, dann über sie und ihre sehr schwierigen Lebensumstände. Sie stand morgens um fünf Uhr auf, fuhr mit Métro und Zug von Belleville nach Suresnes und arbeitete neun Stunden. In jedem Augenblick konnte sie unterwegs angehalten oder bei einer Razzia in Belleville festgenommen werden. Mehr als einmal rieten wir ihr, sich ein kleines Zimmer in Suresnes zu suchen. Mit ihrem Kriegerwitwenausweis auf den Namen Cécile Perec wäre sie geschützt gewesen. Doch Cécile war eine scheue, sanfte Frau mit dem Bedürfnis, abends bei ihren Angehörigen in Belleville zu sein. Sie hörte nicht auf uns. Cécile (Cyrla Perec) wurde am 23. Januar 1943 verhaftet, nach Drancy geschickt und mit dem Transport Nr. 47 vom 11. Februar nach Auschwitz deportiert. Mein Großvater wurde am 11. Februar 1943 festgenommen und von Drancy aus mit dem Transport Nr. 49 vom 2. März deportiert. Nach dem, was meine Mutter später in Erfahrung bringen konnte, ist er nie in Auschwitz angekommen: alt und gebrechlich, wie er war, muß er in dem plombierten Waggon gestorben sein. Großmutter, die sich zur Zeit der Razzia in einem anderen Viertel aufhielt, kam davon, konnte sich dann dank Freunden verstecken und zu meinen Eltern gelangen. Den Rest des Kriegs verbrachte sie in Lans.

Das Leben während der Besetzung war von den unterschiedlichsten Empfindungen und Gefühlen bestimmt: Angst, Verdrängung, Grauen, Komisches, Burleskes – alles vermengte sich. Eines Tages spazierten Bernard und ich einen der großen Boulevards entlang und blieben vor einem Schaufenster stehen, als plötzlich jemand Bernard auf die Schulter schlug: als wir uns umdrehten, standen wir vor Simone Kamenker, einer seiner Freundinnen, aus der später Simone Signoret wurde. Als sie sah, daß ich keinen Stern auf der Jacke trug (sie übrigens auch nicht!), rief sie laut aus: «Aber du solltest nicht so herumspazieren, das ist sehr gefährlich, sehr riskant!» Wir bedeuteten ihr, den Mund zu halten, und ergriffen rasch die Flucht. Ein Angehöriger der Miliz, ein simpler Denunziant (an denen es nicht fehlte) oder ein eifriger Deutscher hätte genügt, und mein Leben hätte in einem Lager geendet.

Meine Beziehung zu Bernard hatte sich verwandelt. Zum einen, weil mein Kummer weniger stechend geworden war und die alltäglichen Sorgen und düsteren Zukunftsaussichten uns ganz in Anspruch nahmen. Zum anderen, weil Bernard allmählich aus seinem Poetenhimmel herabstieg und Kontakt mit mir aufnahm. Im Grunde hatte mich während des ersten Jahrs unserer Ehe am meisten seine Eigenart aus der Fassung gebracht, sich gelegentlich in eine unsichtbare, undurchdringliche Blase zurückzuziehen; dann konnte er auf surrealistische Weise für eine Stunde seinen Phantasien nachhängen, ohne mir gnädig auf meine Fragen zu antworten oder auf meine Wut zu reagieren. So unterband er jede Kommunikation; oder vielleicht verweigerte er sich der Banalität des Alltagslebens und hatte das Bedürfnis, sich vor der ehelichen Welt zu schützen. Ich dagegen hatte das Gefühl, mehr als vergessen zu sein – ausgelöscht, geleugnet zu werden. Inzwischen wurden solche Episoden immer seltener.

Uns verband große Zärtlichkeit und vorbehaltsloser Respekt. Wir hatten das Gefühl, einander ständig zu verführen. Wir entdeckten allerlei Liebesspiele: wobei man sagen muß, daß wir auf diesem Gebiet noch viel zu lernen hatten, doch durch unsere Jugend und Sinnlichkeit machten wir unsere Unwissenheit wett und kamen einander näher. Die andauernde Gefahr, in der wir schwebten, gab uns ein Gefühl von Dringlichkeit und flüsterte uns eine Lebensgier ein, die keinen Aufschub duldete. Wir teilten neben der Philosophie alle möglichen Interessen: Literatur, Malerei, Musik. Auf gewissen Gebieten war Bernard viel gebildeter als ich. Neben seinen klassischen und philosophischen Studien hatte er die Seele eines echten Autodidakten. In seiner tristen, einsamen Kindheit hatte er die Dichtung für sich entdeckt, mit zehn Jahren Racine verschlungen und Jazz in den Vorortsälen gehört, die er donnerstags mit seinen Freunden besuchte und wo in den Pausen auf der Kinoorgel die berühmten Stücke gespielt wurden. Seitdem erschloß er sich allein das immense Gebiet dieser neuen Musik, die ihn vor allem durch ihre lebhaften Rhythmen und ihre Phantasie anzog. Er kannte *alle* Bands, die größten Musiker und Jam-Sessions. Er erläuterte mir die Struktur dieser Musik und lehrte mich, sie kundig zu hören, die Stimmen der einzelnen Instrumente zu erkennen und ihren «Swing» zu lieben, dieses elastische Moment, das sie so lebendig macht. Es wurde eine wahre Leidenschaft. Für mich hatte bisher nur die klassische Musik existiert, das Klavier, das Symphonieorchester. Meinerseits versuchte ich Bernard diese Musik nahezubringen, aber er kam erst viel später dort an, als er den *Feuervogel* hörte. Von Strawinsky ausgehend, entdeckte er die symphonische Musik und später die Oper.

Auch für Malerei begeisterten wir uns: zusammen gingen wir in die Ausstellungen der Galerie Carré und anderer Galerien an der avenue de Messine oder der rue La Boétie. Dort konzentrierte sich das künstlerische Paris. Wir bewunderten dort Jacques Villon, Rouault, Vieira da Silva und manche andere. Durch unseren Freund Claude Simonnet, den Schwager von Alfred Manessier, fanden wir Zugang zu den Malern der *Nouvelle Peinture*. Manessier hielt sich auf dem Land auf und ließ Claude in dem kleinen Haus mit Dachatelier am Ende eines Hofs an der rue Vaugirard wohnen, das ihm als Pariser Quartier diente. Dort trafen wir uns abends oft mit Freunden, mit Raoul Lévy, Jean Kanapa, Claudine Retail und Yvonne Picard. Unsere freundschaftlichen Beziehungen zu Alfred Manessier und seiner Frau sind immer lebendig geblieben.

Über ihn kamen wir mit der ganzen Strömung der «lyrischen Abstraktion» in Berührung, die damals in Frankreich entstand.

Ich erinnerte mich des Trios, das mich so wund zurückgelassen hatte, mit Bitterkeit, trotz der Tatsache, daß ich voll Hoffnung meine ersten Schritte in einem anderen Leben an Bernards Seite tat. In eine Schublade hatte ich das Bündel von Briefen, von *sämtlichen* Briefen Sartres an mich gestopft. Eines Winterabends Ende 1942, an dem wir bei unseren Freunden Simonnet eingeladen waren, nahm ich das Paket mit und fragte sie, ob ich es in ihren Heizbrenner werfen könne. Damals habe ich etwa vierzig Briefe verbrannt, mit dem Gefühl, einen Akt der Gerechtigkeit auszuführen und mich der Spuren einer verhaßten Vergangenheit zu entledigen.

Im Verlauf des Frühlings ordneten die französischen Behörden auf Befehl der Deutschen an, daß Juden sich in roten Lettern das Wort «Jude» auf ihren Personalausweis stempeln lassen mußten; gleichzeitig gaben sie an jeden drei Sterne aus gelbem Stoff aus, auf die in gotischen Buchstaben «Jude» gedruckt war. Man mußte sie sich sichtbar auf die Kleidung nähen. Ich ging auf das Kommissariat und unterzog mich diesen Formalitäten, versteckte die Sterne aber zu Hause hinten in einer Schublade; ich habe sie nie getragen (aber als Dokumente der Brandmarkung, die man mir antun wollte, aufbewahrt). Sicher riskierte ich eine Verhaftung, doch da diese Gefahr einzig dadurch, daß ich Jüdin war, ohnehin ständig über mir schwebte, kam es nicht darauf an.

Etwas später, am Ende des Frühlings, ließ die Concierge uns wissen, daß wegen mir ein Polizist dagewesen war und eine Vorladung zurückgelassen hatte. Handelte es sich um eine Denunziation? Um eine schlichte administrative Frage? Im allgemeinen gingen sie so nicht vor, wenn sie Leute verhaften wollten. Ich bin der Vorladung nicht gefolgt und habe nie erfahren, worum es ging, aber wir hatten die Warnung verstanden: wir machten uns bereit, Paris zu verlassen und zu meinen Eltern nach Villard-de-Lans zu ziehen.

Dies war im Frühsommer 1942. Yvonne Picard war am 18. Juni unter skandalösen Umständen festgenommen worden und saß in Haft. Alle ihre Freunde waren aufgewühlt.* Die Drohungen des Generals von Stülpnagel, die Geiselhinrichtungen, die Eröffnung der Ausstellung «Der Jude gegen Frankreich», gefolgt von «Der Bolschewismus gegen Frankreich», der Beginn des Prozesses von Riom und zahllose andere düstere Vorzeichen hatten uns überzeugt, daß es höchste Zeit war, in die freie Zone zu verschwinden.

Für Bernard war es keine Schwierigkeit, einfach den Zug zu nehmen; er war französischer Student. Für mich war die Sache weitaus gefährlicher. Ich mußte jemanden finden, der mich hinüberschleuste. Der Vater von Raoul Lévy riet mir, mich an den Abgeordneten der Region Nièvre zu wenden, an dessen Namen ich mich nicht mehr erinnere; es wurde verabredet, daß er mich im Zug bis nach Nevers mitnehmen würde; von dort käme ich problemlos mit einem Auto auf die andere Seite. Ich zahlte ihm im voraus eine recht hohe Summe und stieg in seiner Begleitung in den Zug. In Nevers ließ er mich in einem kleinen Hotel und versicherte mir, am Abend käme jemand mich dort abholen. Ich wartete vergeblich, von Angst gepeinigt: ich hatte nur mein Familienbuch bei mir, denn instinktiv hatte ich beschlossen, meinen Personalausweis mit dem Stem-

* Gemeinsam mit Claude Simonnet, Simone Debout-Devouassoux und Colette Duchâtel habe ich die Geschichte Yvonne Picards zusammengefaßt, die als Mitglied der Kommunistischen Jugend am 18. Juni 1942 verhaftet und nach Birkenau-Auschwitz deportiert wurde, wo sie mit achtundzwanzig Jahren starb. Dieser Text erschien im Mai 1992 in der Zeitschrift *Esprit*.

pel «Jude» in Paris zu lassen. Das Grenzgebiet wurde von der deutschen Armee besonders strikt überwacht, mein Leben war in Gefahr. Im Hotel war kein Zimmer frei; ich schlief in einem Sessel, schon froh, nicht hinausgeworfen zu werden. Am nächsten Morgen ging ich voll Wut zu dem Privathaus, in dem der Abgeordnete wohnte, und drohte, auf der Treppe eine Szene zu machen, bis er ängstlich herauskam und mich zu beruhigen versuchte. Er schwor mir, daß am Abend desselben Tages jemand mich abholen käme; schließlich erschien ein Mann und fuhr mich zum Sammelpunkt; dort wurde mir klar, daß wenigstens ein Dutzend Personen als Gruppe hinübergeschleust werden sollten, die meisten Juden, darunter mehrere alte Frauen, denen das Gehen schwerfiel und die den Mund nicht halten konnten: unaufhörlich jammerten sie laut und brachten uns alle in Gefahr. Ich kochte innerlich. Was ich da erlebte, hatte nichts mit den Versprechen des Abgeordneten zu tun. Als es dunkel war, folgten wir lange einer Landstraße. Schließlich führte man uns auf ein Feld und empfahl uns, keinen Laut von uns zu geben, da der nahe Feldweg die Grenze bildete und ständig von deutschen Patrouillen kontrolliert wurde. Unser Führer verschwand, um die Lage zu erkunden, und wir warteten lange angespannt, sehr unruhig wegen kurioser Geräusche: sie hörten sich wie Schritte an und doch wieder anders. Endlich machten wir auf dem dunklen Feld die Umrisse einiger Kühe aus; wir hatten ihr geräuschvolles Wiederkäuen für das Knarren von Stiefeln gehalten. Unser Führer erschien wieder und ließ uns im Laufschritt den Feldweg überqueren; dann stolperten wir eine Böschung bis zur Nièvre hinunter, ein Kahn brachte uns ans andere Ufer – wir waren in der freien Zone!

Aber wir waren nicht frei. Ein paar Stunden schliefen wir, dicht aneinandergedrängt, in einem Gasthof. Am Morgen erlebten wir die böse Überraschung, daß uns im Saal unten

Gendarmen erwarteten, um uns zu verhören. Welch ein Pech. Als ich an der Reihe war, wies ich mein Familienbuch vor, worin stand, daß ich im April 1921 in Lublin geboren war. Die Namen meines Vaters und meiner Mutter mußten für einen französischen Polizisten so fremdartig klingen, daß ich mich verloren glaubte. Er fragte: «Sind Sie Jüdin?» Ohne zu zögern, verneinte ich vehement und erklärte, mein Vater sei elsässischer Herkunft und Diplomat, ich sei in Polen geboren, weil er dort eine Zeitlang tätig gewesen sei. Der Polizist zauderte einen unmerklichen Moment und gab mir mein Familienbuch zurück. Solange er zwischen Pflicht und Mitleid schwankte, hatte mein Leben am seidenen Faden gehangen. Er wußte genau, daß ich Jüdin war, doch mit meiner Lügengeschichte hatte ich ihm den Vorwand geliefert, auf den er wartete, um ein Auge zudrücken zu können; anderenfalls wäre ich im Gefängnis gelandet und in ein Lager wie das von Gurs geschickt worden, um irgendwann an die deutsche Obrigkeit in der besetzten Zone ausgeliefert zu werden.

Ich war knapp davongekommen. Entnervt und froh zugleich rief ich in Villard an. Ich gelangte zu Bernard und meinen Eltern, die mich besorgt erwarteten. Endlich konnten wir aufatmen. Nach ein paar Wochen der Ruhe beschlossen wir, uns in Aix-en-Provence niederzulassen, denn Bernard wollte sein Studium fortsetzen und unter der Leitung von Gaston Berger seine Diplomarbeit schreiben. Raoul Lévy stieß zu uns, und wir begannen ein Leben zu dritt, das anfangs angenehm und friedlich zu werden versprach. Wir begegneten Pierrot Guastalla und seiner Familie wieder, die wir sehr gern hatten. Pierrot war immer quirlig und heiter. In Aix kannte er viele Leute, oft war er im «Château Noir» eingeladen, wo der Maler Tal Coat schlichte, interessante Abendgesellschaften gab, aber ich nahm an solchen mondänen Vergnügen kaum teil. Ich war sehr deprimiert, wie geschrumpft und ausgedorrt. Kurz, ich war nicht mehr ich selbst. Ich hatte zu nichts Lust und konnte die reizvolle Stadt nicht so genießen wie meine Freunde, die bei Tag und Nacht über die Promenaden und die Plätze mit den Brunnen schlenderten. Als ich eines Mittags mit Pierrot im Restaurant des Hotels *Roi René* aß, holte ich, um den «Spinat» (der schlicht aus Gras bestand) ein bißchen anzureichern, aus meiner Handtasche eine Scheibe Schinken und bot Pierrot nichts davon an. Gütig und zartfühlend, wie er war, verzieh er mir diese schäbige Geste, denn er wußte, was ich durchgestanden hatte und daß ich mich noch elend fühlte. Er hatte, als wir uns in Rennes anfreundeten, ein wenig indiskreterweise das Büchlein gelesen, in dem ich täglich meine Gedanken notierte: als er es mir zurückgab, hatte er mich darüber befragt, und wir hatten lange über mein Abenteuer mit Sartre und Castor gesprochen. In Aix verzieh mir Pierrot, aber ich habe mir meine Knausrigkeit nie verziehen. Diese Episode machte mir klar, wie sehr meine Persönlichkeit heruntergekommen war.

Am 11. November 1942 holte uns «die Geschichte mit ihrem großen Hackebeil», wie Georges Perec schreibt, wieder ein: die Landung der Alliierten in Nordafrika lieferte den Deutschen einen guten Vorwand, ganz Frankreich zu besetzen. Keine Demarkationslinie, keine angeblich freie Zone mehr. All die falschen Fassaden, an denen die Kollaborateure solchen Gefallen fanden, stürzten mit einem Schlag ein: das Land stand vor der brutalen Realität der Okkupation.

Nur zwei Monate relativer Ruhe waren Bernard, Raoul und mir in Aix gegönnt gewesen. Bald schwirrten die wahnsinnigsten Gerüchte durch die Stadt. Panik ergriff die vernünftigsten Leute. Wer diese Kriegsumstände nicht erlebt hat, sollte verstehen, daß diese Konfusion weder grundlos noch komisch war, sondern daß sich darin höchst begründete Furcht ausdrückte: Viele Juden aus der besetzten Zone hatten sich in die (nicht besetzte) «Nono»-Zone geflüchtet und dort ein zwar oft ungesichertes, aber doch relativ ungefährdetes Leben geschaffen, und nun wurde diese scheinbar schützende Demarkationslinie einfach ausradiert, und sie standen völlig schutzlos den Hitler-Truppen oder ihren Bütteln, den Milizen Darnands gegenüber. Monsieur M. Verboeckhaven, unser Nachbar im ersten Stock der Villa, deren Erdgeschoß wir bewohnten, ein Jude belgischer Herkunft, sauste auf seinem Fahrrad durch die Stadt und kehrte mit einem Sack falscher (oder zutreffender) Nachrichten zurück, eine bedrohlicher als die nächste. Er enervierte uns enorm. Im Gebiet um Grenoble (also auch in Villard-de-Lans) war die italienische Armee die Besatzungsmacht: der Unterschied zu den Deutschen war beträchtlich. Die italienische Armee war im Grunde weder gegen die Bevölkerung noch gegen Juden voreingenommen, was diesen Winkel von Frankreich im Vergleich zu den übrigen Gegenden des Landes für fast ein Jahr zu einer Art von Paradies machte. Im Juli 1943 wurde Mussolini jedoch seiner Ämter enthoben, und im August kapitulierte Italien bedingungslos. Deutsche Soldaten ersetzten die Italiener. Die gesamte Familie meines Vaters, meine Eltern und meine Schwester beschafften sich falsche Papiere und zogen entweder nach La Chapelle-en-Vercors oder nach Saint-Martin. Mein Vater nannte sich Monsieur Blanchard und meine Mutter Madame Beauchamp, doch da meine Mutter im Dorf beliebter war als Papa, nannten ihn die Einwohner von Saint-Martin bald Monsieur Beauchamp. Als meine Eltern von Villard nach Saint-Martin-en-Vercors übersiedelten, ließen sie den kleinen Georges Perec im «Clocher» unter der Obhut seiner Schulleiterin zurück, einer mutigen, bewunderswürdig treuen Frau: meine Eltern bezahlten für den Unterhalt ihres Neffen mehrere Monate im voraus, damit seine Sicherheit gewährleistet sei, was ihnen auch zustoßen mochte. Meine Großmutter mütterlicherseits wurde in einem kleinen Zimmer in Lans einquartiert. Meine Eltern halfen ihr finanziell, aber sie war ihrem Wesen nach sehr unabhängig und wollte allein leben. Obwohl es ihr allerlei Schwierigkeiten bereitete, daß sie kaum Französisch sprach, schaffte sie es, Köchin in einem Kinderheim zu werden. Nach der Befreiung fanden wir sie bei guter Gesundheit vor. Sie wollte nach Kriegsende nicht in Frankreich bleiben: sie zog zu ihrem zweiten Sohn, der seit 1934 in Israel lebte, und starb dort im hohen Alter.

Nachdem die deutschen Truppen die gesamte freie Zone eingenommen hatten, hatten auch wir allen Anlaß, uns falsche Papiere zu beschaffen. Bei Raoul und mir waren die Gründe dafür klar. Für Bernard handelte es sich darum, sich gegen das Arbeitsdienst-Gesetz vom 4. September 1942 zu schützen, nach dem «alle Männer im Alter von achtzehn bis fünfzig Jahren und die ledigen Frauen im Alter von zwanzig bis fünfunddreißig Jahren» mobilisiert werden konnten «zur Ausführung aller Arbeiten, welche die Regierung im höheren Interesse der Nation für nützlich erachtet» – welche die Deutschen für nützlich erachteten, hieß das. Doch dieses Gesetz, das nur langsam in die Praxis umgesetzt wurde, genügte Fritz Sauckel, der für die Rekrutierung von Hilfskräften zuständig war, noch nicht. Er brauchte sehr schnell Arbeiter. Daher mobilisierte Laval am 16. Februar 1943 alle zwischen dem 1. Januar 1920 und dem 31. Dezember 1922 geborenen Männer; das Gesetz wurde bedrohliche Wirklichkeit. Bernard und Raoul befürchteten sehr, nach Deutschland in Fabriken geschickt zu werden, die ständig bombardiert wurden, und sie wollten auch keineswegs zu den Kriegsanstrengungen der Nazis beitragen. Also mußten wir uns alle drei falsche Personalausweise machen lassen. Wir richteten es so ein, daß diese falschen Papiere echt waren (Wir wissen schließlich, was ein «echt-falscher Paß» ist!) und uns keinen Centime kosteten.

Dazu mußten sie in einem Rathaus registriert sein: dafür sorgte unser Freund Roland Caillois, der in Montpellier lebte. Wir waren schon wieder in Aix, als Bernard, mißtrauisch und genau wie stets, eines abends meinen Ausweis ansah und laut aufschrie; ich hatte ihn automatisch mit «B. Lamblin» unterschrieben. Beschämt über meinen Leichtsinn, bemühte ich mich, die Signatur zu überschreiben.

Als ich eines Tages kurz darauf mit Pierrot Guastalla über den cours Mirabeau schlenderte, sagte er: «Ich muß dir auf Wiedersehen sagen, ich nehme in einer Viertelstunde den Bus in Richtung Spanien. Von dort versuche ich, nach Nordafrika zu kommen und zu kämpfen. Ich halte es nicht mehr aus, hierzubleiben und nichts zu tun. Also: Viel Glück!» Und er umarmte mich liebevoll. Ich blieb sprachlos und bestürzt zurück: Wenn Pierrot fortging, verlor ich einen sehr guten, treuen Freund, der intelligent und einfühlsam war. Ich war zudem niedergeschmettert, weil er mir bis zu jenem Tag nichts von seinem Entschluß gesagt hatte, was bedeutete, daß er mir nicht voll vertraute. Der Bus stand bereit. Ich küßte Pierrot unter Tränen. Noch wußte ich nicht, daß ich ihn nie wiedersehen würde. Trotz erheblicher Schwierigkeiten und einiger Monate in spanischen Gefängnissen gelang es ihm, nach Algerien zu kommen, wo er sich der Armee des General Leclerc anschloß. 1944 landete sein Regiment in der Normandie und stieß nach Paris vor: Pierrot wurde in der Nähe von Bourget während einer Patrouille, zu der er sich freiwillig gemeldet hatte, von Maschinengewehrfeuer getötet. Als ich im September 1944 von Grenoble aus nach Paris zurückkehrte, wußte ich noch nicht, daß er tot war; im Gegenteil, ich hatte bei meiner Concierge einen Zettel mit einem freundschaftlichen Gruß vorgefunden, den er mir hastig gekritzelt hatte. Seine Mutter Lina teilte mir seinen Tod mit. Sie war erschüttert, aber so sanft und tief wie sie selbst war auch ihre Traurigkeit. Einige Zeit später sorgte sie dafür, daß einige Manuskripte ihres Sohns und vor allem sein *Journal* publiziert wurden. Ahnungsvoll hatte er geschrieben: «Ich bin davon besessen, daß die Zeit vergeht und Menschen sterben, ohne irgend etwas geschaffen zu haben.»* Sein vom Krieg, dem er sich mutig stellte, verkürztes Leben ging zu Ende, ohne daß er wirklich ein Werk von Gewicht schaffen konnte.

Wenn ich mit Zuneigung und Bewunderung an Pierrot denke, dann auch wegen des Kontrasts zu meiner Haltung während jener Zeit, in der sich so viele Menschen aus verschiedenen Gründen in der Résistance oder in der Armee engagiert haben. Meine Passivität, der Mangel an Engagement von meiner Seite bedürfen einer Erklärung. Pierrot kannte meine ständige Depression zu gut, um Taten von mir zu fordern: er hat es nicht getan. Aber eine meiner Studienbekannten, die in Marseille wohnte und mit der ich wieder Kontakt aufgenommen hatte, legte mir nahe, in ihrer Widerstandsgruppe zu arbeiten, die der kommunistischen Partei verbunden war. Ich erklärte mich dazu bereit, aber sie hat zweifellos gespürt, wie sehr ich zögerte: nie hat mich jemand von ihnen kontaktiert. Schon im Sommer 1942, als ich bei meinen Eltern in Villard war, hatte der Doktor Samuel (Ravalec), der meinen Vater gut kannte, mich lebhaft dazu aufgefordert, mich in diesen Zeiten des Kampfes nicht auf meine persönlichen Mißerfolge zurückzuziehen: wir hatten ein langes Gespräch darüber geführt. Ich wußte, daß er völlig recht hatte; meine Überzeugungen hätten mich dazu bewegen müssen, mich einem Netz anzuschließen, aber ich unternahm nichts. Eine innere Macht hinderte mich daran, denn ich hatte das Gefühl, in meiner Vitalität gebrochen zu sein, alle Energie, alle Initiative, allen Mut verloren zu haben. Daraus entstanden eine Blockierung, übermäßige

* Pierre-André Guastalla, Paris, 1951.

Furcht vor den Gefahren, auf die man stoßen könnte, und vor allem Skrupel beim Gedanken an meine Verantwortung dem Nächsten gegenüber. Diese Skrupel lähmten mich. Ich meinte, ich wäre kein gutes Mitglied einer Widerstandsbewegung, ich könnte in meiner Schwäche eine Gefahr für die Kameraden darstellen. So ist zu erklären, aber nicht zu rechtfertigen, daß ich mich enthielt. Es war eine Nachwirkung des psychischen Zusammenbruchs von 1940, der mich wie formloses Treibgut stranden ließ, unfähig, mich aufrecht zu halten.

Nachdem Bernard vor Gaston Berger seine Arbeit über «Die Existenz in der Philosophie von Berkeley» verteidigt hatte, im Mai oder Juni, beschlossen wir, nach Paris zurückzukehren, wo mein Schwiegervater eine solidere Lösung als einen falschen Personalausweis finden zu können meinte, damit sein Sohn nicht im Ruhrgebiet arbeiten mußte. Aber wir konnten unsere Wohnung an der rue Vésale nicht wieder beziehen, das wäre zu gefährlich gewesen; sie war bei der Polizei sicherlich registriert, und jemand im Haus konnte uns denunzieren. Wir mußten also ein möbliertes Quartier suchen. Das erste lag in der siebten Etage eines Hauses an der rue Daubenton, mit Blick auf die Moschee: eine winzige Wohnung, die sich im folgenden Winter als eiskalt erwies. Madame Grocholska, die Eigentümerin, verlangte unsere Papiere zu sehen: Bernard trug den Ausweis mit seinem richtigen Namen bei sich, während ich einen auf den Namen Élisabeth Davet vorwies. Worauf uns Madame Grocholska bat, uns der Schicklichkeit wegen den anderen Mietern als Monsieur und Madame Lamblin vorzustellen! Die falschen Ausweise brachten uns also weiter in wahrlich groteske Situationen. Mein Schwiegervater hatte für Bernard, damit der Schein gewahrt blieb, eine Hilfsarbeiterstelle in der Fabrik Gnôme et Rhône am boulevard Kellermann gefunden. Bernard kaufte sich eine Arbeitskluft und ein Eßgeschirr, das ich ihm, wenn ich konnte, füllte, damit er nicht zu oft in die jämmerliche Fabrikkantine gehen mußte. Er mußte neun Stunden täglich anwesend sein: seine «Arbeit» bestand darin, über eingehendes Material Buch zu führen und Unterlagen von Büro zu Büro zu tragen. Keine sehr ermüdende Arbeit. Unterdessen fror ich in der winzigen Wohnung und verbrachte meine Zeit im wesentlichen damit, in unzähligen Schlangen nach ein paar Lebensmitteln anzustehen. Dann zog ich mir in dem fast unerträglich grellen Licht in jenem Kämmerchen unter dem Himmel ein altes Plumeau bis zu den Achselhöhlen und nahm so auch die Gestalt der Larve an, zu der ich faktisch geworden war, zog Fäustlinge an und versuchte ein philosophisches Buch zu lesen. Mehr als alles interessierten mich jedoch die englischen Rundfunksendungen, die ich hörte – sehr leise gestellt, weil nebenan ein junges Mädchen wohnte, das auf der Kommandantur arbeitete: sobald ich sie nach Hause kommen hörte, stellte ich das Gerät aus. Die Tage erschienen mir sehr lang; keiner unserer Freunde war in Paris; jedenfalls kann ich mich nicht erinnern, einen von ihnen gesehen zu haben. Ich versuchte auch nicht, mit Simone de Beauvoir in Kontakt zu kommen: ich hatte nicht die mindeste Lust, sie unter den Umständen, unter denen wir lebten, wiederzusehen; und da ich einen falschen Namen trug, fürchtete ich Indiskretionen aus ihren Kreisen, deren Leichtfertigkeit richtig einzuschätzen ich vordem keine Gelegenheit gehabt hatte.

Dagegen lernte ich im Verlauf dieses Aufenthalts im Umkreis der Moschee, daß die beste Methode, sich zu verbergen, nicht etwa darin besteht, in die Wälder zu gehen oder sich in einer Höhle zu vergraben, sondern unter einem falschen Namen drei Straßen von dem alten Domizil entfernt zu leben; ich bin nie einem Bewohner des Hauses in der rue Vésale begegnet, in die zu gehen wir uns natürlich hüteten.

Später zogen wir in eine kleine Pension in der rue des Feuillantines, wo wir mehr Platz hatten. Diese Pension war so schmutzig und schäbig, daß wir eines Nachts Wanzen auf dem Bettuch entdeckten. Wir forderten vom Besitzer, daß er die städtischen Kammerjäger kommen ließ, und unsere beiden Zimmer wurden desinfiziert. Um die Februarmitte stellte ich fest, daß Bernard gelb im Gesicht geworden war: er hatte sich eine Virus-Hepatitis zugezogen, was man damals schlicht Gelbsucht nannte. Er brauchte viel Ruhe und eine strenge Diät. Meine Schwiegereltern boten an, uns aufzunehmen: sie konnten ihren Sohn leichter gesund pflegen. Als Bernards Krankenurlaub schließlich zu Ende ging, mußte er daran denken, wieder zur Arbeit zu gehen. Er erfuhr, daß die Deutschen vorhatten, die gesamte Fabrik samt Maschinen und Beschäftigten in die Gegend von Hamburg umzusiedeln, die von amerikanischen Bombern so hart bombardiert worden war. Unser Entschluß war rasch gefaßt: wir würden wieder meine Eltern im Vercors aufsuchen.

Wir kamen in Saint-Martin Anfang April an, zunächst einmal froh, uns fern von deutschen Patrouillen und französischen Polizisten zu fühlen. Wir hatten ein fast physisches Gefühl von Freiheit; waren entzückt von dem blauen Himmel, den Wiesen, von der frischen, klaren Luft. Wir mieteten ein Zimmer gegenüber der Kirche, bei den Damen Lattard, Inhaberinnen eines Kurzwarengeschäfts. Meine Eltern und meine Schwester wohnten ein paar Häuser weiter, im Haus von Madame Guérin an der Route des Barraques. Freilich stellten wir rasch fest, daß die Ruhe hier nur Schein war und häufig von Vorstößen der Miliz oder der Deutschen gestört wurde: sie traten gewöhnlich auf Informationen hin in Aktion. Wenn sie auf einen vereinzelten Widerstandskämpfer in einem Bauernhaus oder auf ein Grüppchen Dienstflüchtiger in den Bergen stießen, dann wurden diese Unglücklichen auf der Stelle füsiliert, ohne irgendeinen Prozeß. «Terroristen! Terroristen!» brüllten die deutschen Soldaten. Wenn Bauern Dienstflüchtigen Unterschlupf geboten hatten, wurden sie ebenfalls getötet, und man zündete ihnen das Haus an. Wir stellten fest, daß auch hier der Krieg sehr präsent war, wenn auch in anderer Form als in der Stadt. Die Unterschiede hingen mit der weniger dichten Wohnweise zusammen, doch die Leute kannten einander alle, während in der Stadt die von den Besatzern angerichteten Greuel eher anonym blieben und im allgemeinen Menschen betrafen, die man nicht kannte, so daß man sie rascher aus dem Gedächtnis tilgte.

Eine Woche nach unserer Ankunft hörten wir schwere Schritte auf unserer Treppe; die Tür wurde mit einem groben Fußtritt aufgestoßen; zwei Milizsoldaten mit Maschinenpistolen forderten Bernard auf, seine Papiere zu zeigen; da diese Papiere samt der ärztlichen Bescheinigungen völlig in Ordnung waren, machten die beiden schließlich widerwillig kehrt und ließen uns in Ruhe. Wir waren trotzdem sehr verunsichert, denn die Episode bedeutete, daß es im Dorf einen Denunzianten gab, der unsere Anwesenheit schleunigst gemeldet hatte.

Den April und Mai verbrachten wir in Saint-Martin in der Nähe meiner Eltern und ihrer Freunde. Wir waren von aufrechten, treuen Menschen umgeben, die allesamt die Résistance unterstützten. Der Pfarrer und der Posthalter zählten dazu. Der Posthalter spielte eine lebenswichtige Rolle, denn sobald ein Fahrzeug der Miliz oder ein Geländefahrzeug der deutschen Soldaten in das Vercors hinaufzurollen begann, sei es durch die Bourne-Schlucht oder über die Grands Goulets, wurde der Postbeamte von seinem Kollegen in der Ebene sogleich durch ein verabredetes Signal benachrichtigt, und er warnte alle, die solche Besuche fürchten mußten; ein simples, verläßliches Verfahren, das viele Widerstandskämpfer gerettet hat.

Bevor ich von den Ereignissen selbst berichte, wie ich sie

erlebt und verstanden habe, sollte ich vielleicht eine Vorstellung von der Vercors-Landschaft vermitteln. Diese Gebirgsgegend zwischen Grenoble im Norden und Die im Süden stellt so etwas wie eine natürliche Festung dar, die nur durch sehr enge Schluchten zugänglich ist, außer oberhalb von Grenoble. Das erklärt, warum die Verantwortlichen in der Résistance auf die Idee kamen, aus diesen natürlichen Gegebenheiten Nutzen zu ziehen: so kam es zum *Plan Montagnard*. Die Leute, die diese Strategie entwickelt hatten, planten übrigens, das Vercors erst dann zu nützen, wenn die Alliierten im Süden gelandet waren. Die militärische Zentrale, welche die Operation leitete, bestand aus Chavant, Le Ray, Eugène Samuel, Jean Prévost und Costa de Beauregard. Aufgrund der Meinungsverschiedenheiten zwischen den einzelnen Gruppen der Résistance, die aus Kommunisten ebenso wie aus Berufsoffizieren bestand, ergab sich jedoch ein schwerwiegender Mangel an Koordination – sogar in der Zentrale von Algier, wo der Stab von General de Gaulle sich aufhielt; außerdem führten Reibungen zwischen diesem und den Alliierten zum Vercors-Drama. Wer dafür verantwortlich war, ist schwer präzise zu bestimmen.

Als am 6. Juni morgens die Nachricht eintraf, die wir alle so ungeduldig erwarteten, war jeder ganz aufgeregt. In den Dörfern und im Maquis breitete sich eine fieberhafte Stimmung aus. Die Berufsoffiziere holten ihre Uniformen aus dem Mottenschrank und lüfteten sie. Einige davon, wie Hauptmann Tanant und Major Huet, beschlossen, ihr Hauptquartier in Saint-Martin einzurichten, wo sich bereits der Stab von Clément («Chavant») befand, des zivilen Chefs der F.T.P. (der *Franc-Tireurs-Partisans*). Das Haus, in dem sie sich einrichteten, lag hundert Meter von dem meiner Eltern entfernt. Um den 15. Juni berief Major Hervieux Freiwillige. Bernard meldete sich, und da er nie im Leben mit Waffen umgegangen war, machte man ihn zum Telefonisten. Mit zwei Kameraden hielt er eine ständige Verbindung zu den verschiedenen Gruppen des Hochplateaus und nach außen aufrecht. Ich wurde Köchin im Hauptquartier. Ich machte Pommes frites und grillte Beefsteaks für die Offiziere und Mannschaften, die erschöpft vom Kampf zurückkehrten und Bericht erstatten kamen.

Es wurde versucht, alle zu organisieren, die von der Ebene heraufströmten und den Kampf aufnehmen wollten, doch anfangs mangelte es an Ausbildern, an Quartieren für diese Männer und an Waffen, selbst an leichten. Später nahm durch Fallschirmabwürfe dieser Mangel ab, aber die Offiziere waren besorgt, weil es an schweren Waffen fehlte, die man ihnen in Algier versprochen hatte. Jeder Fallschirmabwurf wurde zu einer Art von Dorffest. Ein Teil der Bevölkerung ging zu dem vorgesehenen Gelände und wartete die Dunkelheit ab; man entzündete große Feuer, die aus der Luft zusammen ein T ergaben, um den Piloten die Windrichtung zu signalisieren. Wir spitzten die Ohren: endlich hörte man das Brummen der Motoren, das zum Dröhnen wurde, sobald sich die Flugzeuge über uns befanden. Die abgeworfenen Behälter wurden sogleich eingesammelt und zum Öffnen in Scheunen transportiert: es waren Maschinenpistolen darin, Munition und Maschinengewehrteile, aber auch Zigaretten, Ölsardinen oder Sardellen, Kaugummi und allerlei sonstige Überraschungen. Die Dorfbewohner teilten sich die Seide oder vielmehr den Nylonstoff der Fallschirme, aus denen sich die Frauen kostbare Blusen nähten: es waren die ersten Nylonstoffe, die man in den Händen gehabt hatte.

Der Schwachpunkt der Vercors-Festung befand sich bei dem Dorf Saint-Nizier, das auf einem Plateau in der Nähe der Trois-Pucelles-Felsen oberhalb von Grenoble liegt. Dort versuchten die Offiziere, eine möglichst stabile Verteidigungslinie zu errichten. Am 13. Juni griff eine deutsche Kolonne dort an, kämpfte einige Stunden und zog sich zurück. Der zweite Angriff kam am 15. Juni. Kaum dreihundert Mann auf unserer Seite hielten sich von fünf Uhr morgens bis neun gegen zweitausend Soldaten der Wehrmacht; doch durch eine Kriegslist der die deutschen Truppen begleitenden Miliz wurde die Verteidigungslinie durchbrochen. Man muß wissen, daß täglich zahlreiche Bewohner der Ebene in das Vercors aufstiegen, um an der Seite der «Maquisards» zu kämpfen, und brüderlich empfangen wurden. An diesem Tag meldeten sich einige Männer an der Linie und erklärten, sie wollten sich den Résistance-Kämpfern anschließen: man ließ sie durch. Dann feuerten sie von hinten auf die Vercors-Verteidiger, die somit von zwei Seiten unter Feuer standen. Diese wurden durch die unerwartete Aktion völlig verstört, und ihr bereits bröckelnder Widerstand brach zusammen. Nun stand die Hochebene von Lans den Truppen des Dritten Reichs offen. Das «Hoftor», wie Paul Dreyfus* schreibt, war aufgebrochen. Bevor die Deutschen abzogen, setzten sie große Teile von Saint-Nizier in Brand. Sie waren gekommen, um die Stärke ihrer Gegner zu testen, und hatten feststellen können, daß diese sich tapfer schlugen, aber weder sehr zahlreich noch gut bewaffnet waren. Der strategische Vorteil bestand darin, daß unsere Linien nun kürzer waren, aber die Festung hatte ein Drittel an Fläche eingebüßt und war verwundbarer geworden.

Abgesehen von den militärischen Folgen dieses Vorstoßes stieg begreiflicherweise die Wut auf die Miliz – Franzosen im Sold des Gegners – und das Bedürfnis, an ihnen Rache zu nehmen. Einer von ihnen wurde ohne Verfahren an der Mauer neben dem Haus meiner Eltern unter Schmähungen erschossen. Ich hatte nicht den Mut, bei dieser Hinrichtung zugegen

* Paul Dreyfus *Histoire de la Résistance en Vercors*, Paris, 1975, p. 132. Das sehr gute Buch eines Historikers, das einen Überblick über die Vercors-Schlacht gibt.

zu sein. Drei Tage lang erhielt die Leiche des Mannes, die man an den Straßenrand geworfen hatte, Fußtritte von Leuten, die vorbeikamen, was zeigt, wie außer sich die Bevölkerung des Vercors in ihrer Machtlosigkeit war.

Am 29. Juni sprangen dreißig amerikanische Ausbilder mit dem Fallschirm ab; sie sollten die Résistance-Kämpfer im Handhaben der Panzerfäuste unterrichten, die von den Alliierten geschickt worden waren. Das Eintreffen dieser Ausbilder tröstete uns, denn es bedeutete, daß das amerikanische Oberkommando dem Vercors beistehen wollte. Meine Eltern, Bernard und ich wurden mit einem dieser Fallschirmspringer bekannt, einem Unteroffizier aus New York, mit dem wir englisch sprachen.

Am 3. Juli wurden in Saint-Martin während des Inspektionsbesuchs von Yves Farge zu seinen Ehren die Waffen präsentiert. Bei diesem Anlaß wurde das Vercors feierlich zur *Republik* erklärt. In der Deklaration stand zu lesen: «Ab heute sind die Vichy-Dekrete aufgehoben und sämtliche Gesetze der Republik wieder in Kraft . . . Das nationale Befreiungskomitee des Vercors hat weitreichende Vollmacht. Es rechnet mit getreuer Unterstützung durch die Bevölkerung . . . Einwohner des Vercors, bei euch hat die Wiedergeburt der großen Republik stattgefunden. Ihr könnt stolz darauf sein . . . Es lebe die französische Republik, es lebe Frankreich, es lebe der General de Gaulle.»

Im Gegensatz zu diesen optimistischen Parolen sah die Realität ziemlich trist aus und bereitete den militärischen und zivilen Verantwortlichen große Sorge. Es fehlte an kampftüchtigen Männern. Ich erinnere mich, daß einer unserer jungen Freunde, Pierrot, als Wache an der Bourne-Schlucht postiert wurde, wo er den Engpaß zu schützen hatte, mit nichts als einer Maschinenpistole. Fast vierzig Stunden lang konnte er nicht abgelöst werden: er war völlig erschöpft von der Verantwortung, die er allein getragen hatte, ohne schlafen oder essen zu können. All solche negativen, bedrückenden Aspekte wurden durch die Fallschirmabwürfe gewiß wettgemacht: über Vassieux setzten die Flieger am 23. Juni mehrfarbige Fallschirme ein, als wollten sie um jeden Preis von den Deutschen aufs Korn genommen werden. Am 14. Juli fielen achthundertsechzig Behälter an blauen, weißen und roten Fallschirmen vom Himmel . . . Solche sympathischen Symbole stärkten die Hoffnung (oder vielmehr die Illusion), daß die notwendigen Waffen rechtzeitig eintreffen und vor allem die viertausend Fallschirmspringer vom Himmel fallen würden, die Chavant von einem Adjutant von Soustelle Ende Mai in Algier versprochen worden waren.

In deren Erwartung hatte die Führung des Vercors auf höheren Befehl hin bei dem Dorf Vassieux den Bau eines Flugplatzes angeordnet, auf dem große Frachtflugzeuge mit schwerem Material landen könnten. Die Bevölkerung wurde dazu herangezogen, das Gelände zu roden und zu planieren. Der verbreiteten Meinung nach konnte eine solche Operation nur das Ziel haben, im Rücken der feindlichen Truppen des Rhône-Tals einen Brückenkopf einzurichten. Aber die deutschen Aufklärflugzeuge waren wachsam: ihre Bomber griffen am 8. Juli Pont-en-Royans an, am 12. La Chapelle. Am 13. ertönte in Vassieux die Sirene unaufhörlich, und die Flugzeuge kreisten über dem Dorf; die Mehrzahl der Einwohner war in die Wälder geflüchtet.

Ich bin keine Spezialistin für militärische Strategie und will hier nicht die Geschichte des Vercors schreiben, sondern die Ereignisse beleuchten, die wir als Individuen erlebten und mit der Vercors-Schlacht in Verbindung brachten.

Aus Gerüchten wußten wir, daß die verschiedenen Gruppen der Résistance, zumal die kommunistisch orientierten F.T.P.-Leute und die aktiven Offiziere, sich nicht immer gut verstanden. Sogar in Saint-Martin gab es oft Konflikte zwischen Chavant, dem Chef der *Franc-Tireurs-Partisans*, und den Offizieren, trotz gegenseitigen Respekts. Am tragischsten aber wirkte die zu ahnende Kluft zwischen den höchsten französischen Militärs und der Führungsspitze der Alliierten.

Einige unserer Offiziere hatten sich jedoch ihre Illusionen und ihren Sinn für Brimborium erhalten und trotz der immer deutlicher werdenden Bedrohung beschlossen, den 14. Juli würdig zu begehen. Wie waren wir doch überrascht, als wir am frühen Morgen in der Hauptstraße von Saint-Martin einen Offizier in makelloser Uniform und cremefarbenen Handschuhen erblickten, auf einem prächtigen Rotfuchs reitend, in dessen Flanken kunstvoll ein Rautenmuster gestriegelt war! Dieses Bild von Eleganz und Standesbewußtsein inmitten von Unordnung und Mangel – und im Kontrast zu der Angst, die uns alle in dieser Situation erfüllte, da der Feind klar angreifen würde – gab uns nicht etwa neue Hoffnung, sondern entmutigte uns sehr.

Unsere düsteren Ahnungen waren berechtigt: eine Stunde später erschien über dem Plateau im Tiefflug ein kleines Flugzeug, aus dem Salven auf Häuser, Tiere und Menschen abgefeuert wurden. Mehrmals überflog es Saint-Martin, und Bauern wurden auf dem Feld getötet. Eine der Salven galt dem offenen Fenster der Poststelle, und die Kugeln drangen in die Wand, zwanzig Zentimeter an Bernards Kopf vorbei, der nicht einmal Zeit fand, Angst zu haben. Die Dorfbewohner verbrachten diesen 14. Juli in den Kellern. Eine denkwürdige Art, den Nationalfeiertag zu begehen!

La Chapelle-en-Vercors war schwer bombardiert worden – mit Phosphorbomben. Am Abend sahen wir noch den roten Widerschein am Himmel über dem Bergrücken. Sicher war dies eine Antwort auf den großen Abwurf von Nachschub bei Vassieux am Morgen, denn die deutschen Flugzeuge überwachten alles und versuchten den ganzen Tag über, das Einsammeln und den Transport der Behälter zu verhindern. In meinem Tagebuch findet sich eine Notiz darüber, wie mutig sich die Lastwagenfahrer bei diesen Transportfahrten verhielten.*

In Wirklichkeit hatten die Deutschen ihre Generaloffensive längst vor dem 14. Juli geplant. Die im Vercors Verantwortlichen wußten dies und sandten unablässig Notrufe; doch wenn diese Botschaften auch in Sekunden durch die Luft sausten, dauerte es dann Stunden, wenn nicht Tage, bis sie einen Flur in einem Gebäude in Algier überquert hatten. Die Bürokratie behinderte das Funktionieren der Kriegsmaschinerie.

Der 21. Juli war der Tag des großen Angriffs. General Pflaum ließ seine Gebirgsjäger die zwölf Engpässe bei Moucherotte von Süden her angreifen, die von einer einzigen Kompanie verteidigt wurden. Bei Die entwickelte sich eine verzweifelte Schlacht; am 22. wurde Die besetzt, und am nächsten Tag drangen die Deutschen durch die nun offene Südbresche ein.

Da Villard-de-Lans im Norden zur «offenen Gemeinde» erklärt worden war, um die zahlreichen Kinderheime dort möglichst zu schonen, verlief die Hauptverteidigungslinie durch Valchevrière. Hervieux schickte seine besten Einheiten dorthin. Doch bei dem Ungleichgewicht der Truppenstärke (eins zu zehn) und vor allem der Waffenstärke war der Kampf aussichtslos.

Noch furchtbarer litt in diesen Tagen Vassieux – gerade wegen des nahen neuen Flugplatzes. Am 21. Juli setzten dort

* Einen Teil der berichteten Fakten und Episoden schöpfe ich aus meiner Erinnerung, gestützt auf Notizen, die ich mir während der Kämpfe gemacht hatte. Ich greife außerdem auf das wertvolle Buch von Paul Dreyfus zurück sowie auf den Bericht des Oberst Pierre Tanant *Vercors, haut lieu de France* (Artaud).

frühmorgens, von Jagdfliegern eskortiert, zwanzig mit dem «Eisernen Kreuz» geschmückte Segelflugzeuge auf, die jedes von einem Flugzeug gezogen worden waren. Die Überraschung war total: erwartet wurden Flugzeuge der Alliierten, und aus den gelandeten Segelflugzeugen sprangen Männer der Waffen-SS. Die überrumpelten Einwohner von Vassieux versuchten in den Wald zu fliehen oder in Deckung zu gehen. Sie wurden von Maschinenpistolenfeuer getroffen. Eingetreten war, was Oberst Hervieux vorausgeahnt hatte, als der Flugplatz eingerichtet wurde: «Alles ausgezeichnet ... unter der Bedingung, daß die Deutschen uns keine Paras ins Vercors werfen.»

Die beiden Kompanien der Waffen-SS zerstörten erst das Dorf und richteten sich in den Ruinen der Häuser ein, unter denen viele Bewohner ums Leben kamen. Zwei Gegenangriffe scheiterten: die Deutschen, aus der Luft unterstützt, wehrten die ohne Artillerie- oder Luftdeckung operierenden Männer mühelos ab.

Am Abend des 21. Juli fand im Hauptquartier eine erbitterte Diskussion zwischen General Zeller, Chavant, Bousquet, Tanant und dem Oberst Hervieux über die zu unternehmenden Schritte statt. Der letzte war für den Rückzug in die Wälder, die anderen für einen gesammelten Ausbruch, mit dem Ziel, sich den Widerstandstruppen von Oisans anzuschließen. Schließlich setzte Hervieux sich durch – zum Glück, denn wo immer Maquisards versuchten, die feindlichen Linien zu durchbrechen und sich mit anderen Gruppen zu vereinigen, wurden sie aufgerieben. Am 23. Juli um 16 Uhr trat der Befehl – Auflösung der Einheiten – in Kraft.

Dann sandte Oberst Hervieux die folgende Botschaft nach London: «Verteidigung Vercors durchbrochen 23., 16 Uhr, nach 56 Stunden Kampf. Alle haben in einem verzweifelten Kampf tapfer ihre Pflicht getan und tragen schwer daran, daß sie der Übermacht weichen mußten und in der Bedrängung im Stich gelassen wurden.» Etwa gleichzeitig telegraphierte Chavant in deutlicherem Stil: «Die sich in London und in Algier befinden, haben nicht im mindesten die Lage begriffen, in der wir stecken, und werden als Kriminelle und Feiglinge angesehen. Wir wiederholen: als Kriminelle und Feiglinge.»

Am Nachmittag des 23. nahmen die deutschen Kanonen Saint-Julien und Saint-Martin unter Beschuß. Nachdem der Auflösungsbefehl ergangen war, hatte Bernard keine Pflichten mehr. Schon seit zwei Tagen drängte meine Mutter ungeduldig darauf, in die Berge zu gehen, aber sie wollte nicht ohne mich aufbrechen, und ich wollte Bernard nicht zurücklassen. Bernard hielt die Kommunikation für desto wichtiger, je kritischer die Situation war, und wollte seine Arbeit bis zum letzten Moment tun. Also verließen wir das Dorf mit ein paar Bewohnern im allerletzten Moment, als die ersten Granaten fielen. Wir hatten Glück; niemand wurde verwundet. In einer guten halben Stunde erreichten wir den Weiler Les Briacs.

Dort warteten wir auf den alten Vignon, einen Bauern, mit dem mein Vater bekannt geworden war und der die Gegend mit ihren zahllosen Grotten und Höhlen bestens kannte. Er führte meinen Vater und Bernard zu einer davon, von wo aus man durch Büsche hindurch den Himmel sah: dies war ihr Versteck, sie mußten auf einem Lager aus Farnblättern auf dem Boden schlafen. Ich war Monsieur Vignon gefolgt, um mir den Pfad gut einzuprägen, und wir machten aus, daß ich jeden Abend kurz vor Einbruch der Dunkelheit mit Proviant für die Männer hinkäme. Zu jenem Zeitpunkt waren lästige Besucher nicht zu erwarten, denn die deutschen Soldaten fürchteten sich sehr vor «Terroristen» und wagten sich abends nicht in die Berge. Für den Fall, daß sie Les Briacs durchsuchen kämen, sollte ich eine große Leiter an einen Heuhaufen stellen, der von der Grotte aus zu sehen war. So glaubten wir uns gegen alle

Gefahren gewappnet, aber es war nichts damit, denn ein paar Tage später erfuhren wir, daß die Deutschen Hunde einsetzten, um Maquisards aufzuspüren. Unsere Furcht lebte auf, aber nachdem wir uns mit den Bauern beraten hatten, streuten wir Pfeffer auf die Pfade, die zu der Grotte führten; anscheinend setzt Pfeffer Hunde außerstande, einer Fährte zu verfolgen. Jedenfalls hatten mein Vater und Bernard das Glück, daß jemand sie mit dem Nötigsten versorgen konnte. Viele Maquisards wurden gefangen und getötet, nur weil sie sich einer Wasserstelle näherten.

Eine wenig bekannte Episode, die amüsant erscheinen könnte, hätte sie sich nicht unter diesen furchtbaren Umständen ereignet, fiel in diese ersten Wochen. Da der deutsche Kommandeur erkannt hatte, daß die in den Bergen verstreuten Maquisards von den Bauern versorgt wurden, beschloß er, den Bauern die Kühe wegzunehmen, bis auf eine je Familie. Gegen Ende Juli gingen Soldaten von Hof zu Hof und trieben die Tiere fort; in einer gewaltigen Herde trieben die Soldaten sie die Landstraße entlang nach Villard-de-Lans und pferchten sie dort ein. Nur hatte der brave Kommandeur (zweifellos ein Städter!) nicht bedacht, daß Kühe zweimal täglich gemolken werden müssen. Nach zwei Tagen wurden sie mit ihren prallvollen Eutern vor Schmerzen wahnsinnig und waren nicht mehr zu bändigen. Der Plan, der in den dicken Schädeln dieser Offiziere gekeimt war – die Kühe nach Deutschland zu schaffen –, ließ sich nicht annähernd verwirklichen. Man mußte die Kühe freilassen, und zur großen Überraschung ihrer jeweiligen Besitzer fanden sie allein in ihre Ställe zurück, wo man sie endlich melken konnte. Die Intelligenz der Wiederkäuer ist also wohl noch keineswegs ausreichend erforscht.

In Les Briacs waren wir von jeder Kommunikation mit der Außenwelt abgeschnitten und wußten nicht, was anderswo geschah. Ein paar Tage nach unserer Ankunft dort wurden wir von Abbé Gagnol besucht, dem Pfarrer von Vassieux. Er war sehr erschüttert und erzählte uns die folgende Geschichte: Als Pfarrer des Dorfs hatte er gewagt, zurückzugehen und sich umzuschauen. Die Deutschen hatten ihn seinen Inspektionsgang machen lassen. Alles war zerstört. Nichts rührte sich, kein Laut war zu hören. Nur herrschte ein bestialischer Gestank. Aus einem Haus, an dem der Pfarrer vorbeikam, hörte er ein gelegentliches Stöhnen; er ging hin und entdeckte ein kleines Mädchen, das unter einer Bohle eingeklemmt war und ihn anflehte, es herauszuholen. Die Kleine lag auf den verwesenden Leichen ihrer Eltern. Der Pfarrer nahm sie auf die Arme und trug sie zum nächsten Bauernhof, wo man versuchte, sie zu versorgen. Sie erzählte, daß sie seit sechs Tagen die vorbeikommenden deutschen Soldaten um Hilfe und um ein wenig Wasser angefleht hatte und daß keiner darauf eingegangen war. Vier Tage darauf starb dieses Kind an Wundbrand. Ich muß sagen, daß der schlichte Bericht des Pfarrers mich so entsetzte, daß ich lange Zeit nicht daran denken konnte, ohne zu weinen. Trotz so vieler anderer Greuel, mit denen jener Krieg uns bekannt gemacht hat, war dies der Gipfel von Grausamkeit; und schlagartig begriff ich das Wesen der Feinde, gegen die wir kämpften. Ich habe es nie mehr vergessen.

Um den 8. August verließen die deutschen Truppen das Vercors – weil man voraussah, daß man es mit den Alliierten zu tun haben würde, die dann am 15. an der Mittelmeerküste landeten, oder vielleicht, weil die Divisionen in der Normandie dringend benötigt wurden. Die Bewohner des Plateaus zogen zurück in die Dörfer. Es herrschte ein unglaubliches Durcheinander: man mußte alles wiederherstellen und neu zu leben beginnen.

Grenoble wurde am 22. und Paris am 25. August befreit. Von da an waren wir sicher, daß die Alliierten siegen und mit Hilfe sämtlicher Widerstandsbewegungen bald imstande sein würden, das Land von der Last der Okkupation zu befreien. Sobald wie möglich fuhr ich in Abstimmung mit den örtlichen Chefs nach Grenoble, um Lebensmittel und das Material zu beschaffen, das für das Weiterleben im Vercors notwendig war. Nach all den Zerstörungen, den Bränden, den Bombardierungen und dem Kugelhagel war das Land wahrlich in einem jämmerlichen Zustand: nicht nur trauerten und litten die Menschen noch an den Schrecken, die sie durchlebt hatten; oft hatten sie obendrein alles verloren – ihre Häuser, ihre Möbel, ihre Tiere, die Futtervorräte. Also übernahm ich die Rolle einer unbezahlten Sozialhelferin. Aus Grenoble brachte ich im Lastwagen alle möglichen Lebensmittel mit, Decken und Kleidung, aber auch Ziegelsteine und Zement, damit der Wiederaufbau beginnen konnte. Dann mußten diese Schätze unter den Leuten, denen es an allem fehlte, aufgeteilt werden, und das lief nicht problemlos ab. Als diese aufreibende Arbeit abgeschlossen war, hörte ich, gewisse Dorfbewohner würfen mir vor, ich hätte meine Position dazu genutzt, mich als erste zu bedienen. So machte ich die bittere Erfahrung, daß eine interesselose Handlung selten als solche verstanden wird: die Menschen unterstellen ihresgleichen jene Haltung, die sie selbst in einem ähnlichen Fall eingenommen hätten.

So endete unser Aufenthalt im Vercors. Tatsache ist, daß weder Bernard noch ich uns freiwillig in diesem Kampf zu engagieren suchten, aber als die Umstände uns die Teilnahme daran nahelegten, haben wir uns korrekt verhalten. Besonders Bernard hatte vordem niemals daran gedacht, sich einer Résistancegruppe anzuschließen, denn da er, was seine eigenen Fähigkeiten betrifft, von Natur aus pessimistisch ist, bildete er sich ein, er könnte nie ein seinen Gewohnheiten so fernes Leben führen. Aber sobald in Saint-Martin nach Freiwilligen gerufen wurde, meldete er sich und erfüllte seine Aufgabe mit der gewohnten Genauigkeit. Er hat nicht gekniffen, auch nicht, als es gefährlicher wurde. Ich habe nicht die Absicht, einen Helden aus ihm zu machen, aber sein Mut hat mich verblüfft.

Was mich angeht, so sagt mir meine Erinnerung, ich hätte ständig am Geschehen teilgenommen, meinen Teil an Tatkraft beigesteuert und dies sogar mit einer gewissen Freude, in die sich Ängstlichkeit mischte. Die Niedergeschlagenheit, aus der ich seit 1940 nicht herausfand, verflog im Feuer der kollektiven Anstrengung. Hätte ich mich früher im Widerstand engagiert, dann hätte mich die tägliche Notwendigkeit zu handeln wahrscheinlich von meiner Melancholie geheilt. Da ich meinte, nicht dazu fähig zu sein, werde ich in diesem Punkt immer zweifeln und unzufrieden mit mir sein.

DIE NACHKRIEGSZEIT

Wir verließen Saint-Martin Anfang Oktober und kehrten nach Paris zurück. Endlich konnten wir unsere Wohnung in der rue Vésale wieder in Besitz nehmen, unsere Bücher, unsere Freunde, unser Leben. Die Anpassung war gleichwohl mühsam: nach dem Dauphiné, wo uns die heftigen Kämpfe und die Grausamkeiten eingeholt hatten, sahen wir uns plötzlich mit den Problemen des zivilen Lebens konfrontiert und konnten schwer wieder Fuß fassen. Noch war es sehr schwierig, sich zu ernähren und warm zu halten. Die Deutschen hatten Frankreich systematisch die Rohstoffe und Nahrungsmittel entzogen. Am schwersten aber fiel uns, das Studium wiederaufzunehmen. Gewiß hatte Bernard nie ganz damit aufgehört, aber der größte Brocken, die Vorbereitung auf die höhere Lehrbefähigung *(agrégation)*, lag noch vor ihm. Ich dagegen hatte seit drei Jahren keine Philosophie mehr getrieben. Ich war der intellektuellen Arbeit vollständig entwöhnt. Da ich zudem seelisch sehr zerrüttet war, gelang es mir nicht, wieder Interesse für die Bücher aufzubringen. Ich mußte mich dennoch daran begeben und mein «Diplom» machen (was heute in Frankreich *maîtrise* heißt). Ich beschloß, über «Das Verhältnis von Endlichem und Unendlichem in der Philosophie von Spinoza» zu arbeiten und wählte Professor Henri Gouhier als Mentor.

Doch der Krieg war noch immer nicht beendet, er ging im Osten weiter, und im pazifischen Raum hatten die Amerikaner mit den furchterregenden Japanern zu tun. Im Februar 1945 brachte die Gegenoffensive in den Ardennen Europa zum Erschaudern: man fragte sich, ob die kraftvolle militärische Reaktion jener, die wir schon besiegt glaubten, nicht das Vorspiel zu einer schlimmen Wende sei. Glücklicherweise war dem nicht so: in wenigen Wochen nahmen die Alliierten ihren Marsch auf Berlin wieder auf, wo sie mit den sowjetischen Truppen zusammentreffen würden.

Tief erschüttert wurden wir von den Berichten und Fotos aus den Konzentrationslagern. Da wir von den deportierten Mitgliedern unserer Familie nichts mehr gehört hatten, seit sie abtransportiert waren, ahnten wir natürlich insgeheim, daß wir sie nie wiedersehen würden. Aber wir konnten uns den entsetzlichen Alptraum ihres Daseins in den Vernichtungslagern nicht vorstellen, weil er wirklich unvorstellbar war. Als die alliierten Soldaten in die Lager vordrangen, überstieg der Anblick, der vor ihnen lag, alles, was ein Mensch ertragen kann.

Kehrt man aus dem Krieg oder von anderswo zurück
wenn es ein Anderswo ist
wo man mit dem Tod spricht
ist es schwierig zurückzukehren
und wieder mit den Lebenden zu sprechen.
Wenn man den Tod gesehen hat
mit seinen nackten Augen
lernt man schwer wieder
die Lebenden mit undurchsichtigen
*Augen anzusehen**

* Charlotte Delbo *Mesure de nos jours*, Paris, 1971, p. 45.

Wenig später wurden die von den Alliierten aufgenommenen Fotos öffentlich ausgestellt. Sofort wußten wir, daß weder mein Großvater noch Cécile zurückkehren würden. Unser ganzes Leben mußten wir mit der Last eines Wissens leben, von dem wir zugleich sicher waren, daß es dem Grauen, das unsere Freunde, Verwandten und so viele Unbekannte erlebt hatten, nicht einmal nahekam. «Die Welt der Konzentrationslager verschließt sich», schreibt David Rousset. «Sie lebt in der Welt weiter wie ein toter, mit Leichen beladener Stern. Normale Menschen wissen nicht, daß alles möglich ist. Selbst wenn sie durch die Zeugnisse gezwungen werden, es mit dem Verstand zuzugeben, glauben ihre Muskeln es nicht . . . Der Tod wohnte unter den KZ-Gefangenen in jeder Stunde ihres Daseins.»*

Georges Perec war am Leben. Seine Eltern waren tot. Schon als ganz kleines Kind hatte er gewußt, daß sein Vater «im Krieg gestorben» war; doch über Cécile, seine Mutter, hatten meine Eltern ihm nie etwas erzählen können, weil sie Céciles Schicksal nicht kannten. Als Georges im März 1945 nach Paris zurückkehrte, war er neun Jahre alt. Er stellte keine Frage, aber man mußte diese stumme Frage dennoch beantworten, ihm sagen, warum er seine Mutter nicht vorfand. Er hatte darüber sicher ein Gespräch mit meiner Mutter. Oder vielleicht auch nicht. Man weiß es nicht, denn weder Georges noch meine Mutter haben je davon gesprochen, und nun sind sie beide tot. Dies nicht zu wissen erscheint mir gegenwärtig so unerträglich, daß ich in letzter Zeit mehrere nahe Freunde von Georges darüber befragt habe: keiner konnte mir Gewißheit geben. Es ist, als hätte sich im Herzen des Lebens meines jungen Cousins ein schwarzes Loch aufgetan, ein Krater, den nur totales Schweigen schützen konnte. Nirgendwo, in keinem seiner Bücher,

* David Rousset *L'univers concentrationnaire*, p. 181.

erzählt Georges, wie ihm aufging, daß seine Mutter in Auschwitz gestorben war; in *W ou le souvenir d'enfance* jedoch spricht er indirekt, auf Umwegen davon: «Später ging ich mit meiner Tante eine Ausstellung über die Konzentrationslager anschauen. Sie fand in der Nähe von La Motte-Picquet-Grenelle statt . . . Ich erinnere mich an Fotos, auf denen man die von den Nägeln der Vergasten verkratzten Wände der Öfen sah, und an ein Schachspiel aus Brotkügelchen.»*

Mein Nervenzustand machte mir weiterhin das Leben unmöglich und beunruhigte mich. In gewissen Momenten ergriff mich so starke Angst, daß ich in einer Ecke meines Betts wie festgenagelt war, nicht aufstehen und nichts essen konnte, mich weigerte, mich zu waschen und zu kämmen. Diese sehr unangenehmen Zustände hielten mehrere Wochen hindurch an, in denen ich nichts lesen konnte, denn kein Wort, kein Text ergab einen Sinn; ich konnte niemanden sehen und nichts tun; die geringste Entscheidung bereitete mir Probleme, und zugleich war ich von einer emotionalen Leere, die mir Gewissensbisse bereitete. Am Ende einer gewissen Zeitspanne, deren Dauer ich nie voraussagen konnte, ging es mir allmählich besser, und langsam hellte sich meine Stimmung etwas auf, ich wurde wieder aktiv und arbeitsfähig. Ich dachte wieder positiv, optimistisch; alles kam mir wieder leicht vor. Also setzte ich mich rasch an meinen Schreibtisch, um die verlorene Zeit aufzuholen. Dann begann es wieder von vorn.

Solche Stimmungsumschwünge sind in den psychiatrischen Handbüchern aufgeführt: in schweren Fällen spricht man von manisch-depressiver Psychose, aber jede Abstufung kommt vor. Als ich in Sainte-Anne Seminare in Psychopathologie absolviert hatte, hatte ich die schweren Melancholiker und auch Frauen in akuten manischen Krisen beobachten können. Ich

* Georges Perec *W ou le souvenir d'enfance*, Paris, 1975, p. 213.

nahm mit Besorgnis an, daß ich einen Abhang hinabglitte und im Krankenhaus landen würde. Ich führte diese psychische Unausgeglichenheit auf eine Art von Explosion der Ängste zurück, die sich während des Krieges angestaut hatten, meinte aber auch, daß der Abbruch meiner Beziehungen zu Sartre und Simone de Beauvoir entscheidend dazu beigetragen hatte.

Bernard war natürlich sehr besorgt, ebenso wie meine Eltern. In den Phasen, in denen die Angst schwand, konnte ich meine Diplomarbeit beenden und schaffte auf akrobatische Weise, mein Examen in Ethnologie zu bestehen. Nach dem Sommer 1945 hatte sich an meinem Zustand noch nichts geändert, es war kaum vorstellbar, daß ich mich auf die höhere Lehrbefähigung würde vorbereiten können. Ich konsultierte also einen Psychoanalytiker, Doktor Pasche. Ungefähr um diese Zeit kam der Wunsch auf, Simone de Beauvoir wiederzusehen, vielleicht in Zusammenhang mit dem Beginn dieser Analyse. Wahrscheinlich sind wir uns während einer der schwarzen Phasen begegnet, die ich so häufig durchlebte, denn sie reagierte sehr betroffen. Als Sartre zum zweitenmal nach USA unterwegs war, schrieb sie ihm: «Ich bin wegen Louise Védrine erschüttert ... Sie hat mich ganz aufgewühlt und mir Gewissensbisse eingejagt, denn sie ist in einer furchtbaren, tiefen neurasthenischen Krise – und das ist unsere Schuld, glaube ich, es ist die sehr indirekte, aber tiefe Reaktion auf unsere Geschichte mit ihr. Sie ist die einzige Person, der wir wirklich Böses angetan haben, aber ihr haben wir es angetan ... Sie weint unaufhörlich, sie hat während des Essens dreimal geweint, sie weint zu Hause, wenn sie ein Buch lesen oder zum Essen in die Küche gehen soll. Sie ist entsetzlich unglücklich, dabei äußerst luzide, ohne ihre Luzidität nützen zu können. Sie hatte wirklich manches von einer Wahnsinnigen ...»*

* Simone de Beauvoir *Lettres à Sartre*, Paris, Bd. II, pp. 258 und 259.

Ohne Zweifel hat die Not, in die ich geraten war, sie wirklich berührt und nicht nur flüchtig, denn sie bot mir eine neue Freundschaft an, natürlich nicht entfernt eine so leidenschaftliche Beziehung wie die frühere, aber eine, auf die ich mich würde verlassen können. Ich akzeptierte dies gern: von jenem Tag an sahen wir uns ungefähr einmal im Monat in diesem oder jenem Restaurant, in das sie mich einlud. Von Zeit zu Zeit, aber selten, kam sie zum Essen zu mir. Im allgemeinen verlief das etwa so: Sie rief mich an, um einen Tag zu vereinbaren, und ließ einen Tisch ihrer Wahl reservieren. Ich kam sie im Auto abholen, vor allem in ihren letzten Lebensjahren, als sie kaum noch gehen konnte; das erlaubte mir, sie nach Hause zu begleiten. Ich hatte es zur Regel erhoben, daß sie mir ein Zeichen gab und nicht ich sie anrief, denn ich weigerte mich, als die Bittende (oder Bettelnde) zu erscheinen. Ich wollte sie nur sehen, wenn sie es wünschte und Zeit hatte. In jedem Fall war sie viel mehr beschäftigt als ich, und es war natürlich, daß sie die Dirigentin blieb.

Diese Details zeigen, in welchem Maße Deidre Bairs Biographie Ungenauigkeiten enthält. Weiterhin ist es wahrscheinlich, daß Simone de Beauvoir selbst die Quelle bestimmter solcher Fehler war. Zweifellos war sie es, die ihrer Biographin die Lüge erzählte, daß sie «mit Bianca seit Jahren keinen Kontakt mehr»* habe. Simone de Beauvoir hatte allen Grund, den Raum, den ich in ihrem und in Sartres Leben eingenommen hatte, als möglichst geringfügig hinzustellen. Zunächst einmal hatte sie mir versprochen, meinen Namen schriftlich oder mündlich niemals zu erwähnen, aber vor allem war ihr Gewissen mir gegenüber so schlecht, daß sie instinktiv versuchte, das zu tilgen, was uns verbunden und auseinandergebracht hatte. Da Deirdre Bair mich niemals befragt hat, konnte

* Deirdre Bair *Simone de Beauvoir*, München 1992, S. 755.

Simone de Beauvoir ihr alles Erdenkliche erzählen, zum Beispiel, daß ich mich von Bernard hätte scheiden lassen wollen – und etwas weiter hinten, daß ich mich von ihm *hätte* scheiden lassen.* Das ist reine Erfindung: niemals stand zwischen Bernard und mir eine Scheidung zur Diskussion; ganz im Gegenteil, unser Verhältnis ist konstant enger und fruchtbarer geworden. Derartige Behauptungen schockieren mich sehr. Eine seriöse Biographin hätte sich nicht mit den Aussagen der von ihr behandelten Person zufriedengeben dürfen, die alle möglichen Motive haben kann, die Wahrheit zu verfälschen; eine seriöse Biographin hätte im Rahmen des Möglichen andere Zeugnisse sammeln müssen. Schließlich wohne ich in Paris, wo ich bis 1983 gearbeitet habe und noch immer lebe; man hätte mich leicht finden können.

Doch um auf die Beziehung zurückzukommen, die während all dieser Jahre zwischen Simone de Beauvoir und mir tatsächlich bestand: man mag zu Recht darüber staunen, daß ich mich erneut auf den Umgang mit ihr eingelassen habe. Schließlich hatte sie sich mir gegenüber sehr hart gezeigt; sie hatte unsere Freundschaft in einem Moment abgebrochen, wo ich sie wirklich brauchte; und in all den Kriegsjahren, in denen die Juden verfolgt wurden, hatte sie niemals versucht, in Erfahrung zu bringen, ob ich noch lebte, deportiert worden oder tot war. Ich hätte also mannigfache Gründe gehabt, ihr zu grollen. Nun

* In der Anm. 11 zu Kap. 35 der amerikanischen Ausgabe wird behauptet, ich sei von Bernard geschieden («now divorced»). In der französischen Ausgabe ist dieser offensichtliche Irrtum getilgt, zweifellos, weil man juristische Folgen befürchtete. Tatsächlich hatte ich 1990 und 1991 einen Pariser Anwalt damit beauftragt, bei dem Verlag Fayard durchzusetzen, daß nirgendwo auf meinen Namen Bezug genommen wurde und jedes Lüften des Pseudonyms «Louise Védrine» unterblieb. Nachdem Deirdre Bair reichlich Schwierigkeiten gemacht hatte, erklärte sie sich bereit, meinen Namen durch ihre eigenen Initialen zu ersetzen: D.B.

war es aber Sartre, dem ich am meisten nachtrug, seines Vorgehens mir gegenüber und einer Gleichgültigkeit wegen, die ich als zutiefst verletzend empfand. Der Bruch mit Castor dagegen war zwar brutal, jedoch relativ klar vor sich gegangen: ich hatte wohl verstanden, daß ihr Verhältnis mit Bost für sie Vorrang besaß, und ich hatte darunter leiden müssen. Aber ich war mir sehr bewußt, daß jede affektive Zuwendung auf freier Wahl beruht, daß sie spontan sein muß und nicht zu erzwingen ist: sie ist grundsätzlich gefährdet, selbst wenn sie von Dauer ist. So dachte ich, *nachdem* meine doppelte Liebe in sich zusammengestürzt und die Illusionen, die sich darunter verbargen, verflogen waren: ich hatte endlich gelernt, wie die Realität aussieht. Ich war, wie Freud gesagt hätte, vom Lustprinzip zum Realitätsprinzip übergegangen. Es wäre besser für mich gewesen, wenn ich so schon hätte denken können, als ich unser Trio noch für unabänderlich hielt.

Meine Liebe zu Castor war folglich in meiner Jugend so stark gewesen, daß ich mich ihr in jener schwierigen Lebensphase ganz selbstverständlich wieder zuwandte. Zugleich hatte ich jedoch das Gefühl, daß sie eine potentielle Gefahr darstellte. Dieses Gefühl zeigte sich deutlich während meiner ersten Schwangerschaft im Jahr 1946. Ich befürchtete, das Kind, das ich trug, könnte eines Tages unter dem Nachhall meiner aufgewühlten Jugend leiden müssen. Ich machte mir deswegen desto mehr Sorgen, da Simone de Beauvoir einen Roman, *Sie kam und blieb**, und Sartre *Zeit der Reife*, gefolgt von *Der Aufschub***, geschrieben hatten, in denen die Hauptgestalt nach dem Vorbild von Olga Kosakievicz gezeichnet war. Ich wußte nicht, wie Olga

* Hamburg 1953.

** Erster und zweiter Teil der Trilogie *Die Wege der Freiheit*, Reinbek 1987 (Neuübersetzung).

darüber dachte, für mich jedoch war es eine grauenhafte Vorstellung, daß aus unserem Abenteuer etwas Entsprechendes werden könnte. Es kam überhaupt nicht in Frage, daß ich erst als Mensch verhöhnt worden war und dann zum «Romanstoff» wurde. Ich forderte also ein Treffen mit ihnen, das während des Sommers in den Jardins du Ranelagh stattfand. Ich erklärte ihnen, ich wolle von ihnen das feierliche Versprechen, mich in keinem ihrer Bücher zu erwähnen und mich nicht als Vorbild für irgendeine Gestalt zu benutzen. Sie wirkten peinlich berührt und gelangweilt, aber sie willigten ein – sie versprachen es mir. Während dieses ganzen Gesprächs belustigte mich ihre Haltung angesichts meines dicken Bauchs: man hätte meinen können, ich sei eine Schnecke oder sonst ein ekelerregendes Tier. Krampfhaft blickten sie geradeaus. Diese Haltung habe ich bei ihnen immer wieder erlebt: die Mutterschaft, bei der organische Kräfte und Säfte aufgeboten werden, stieß sie zutiefst ab.

Es ist somit recht schwierig, über unser kompliziertes Verhältnis Rechenschaft abzulegen. Es war für mich notwendig, Simone de Beauvoir, durch den Krieg zweifellos gereift, als eine andere zu erleben, die aber in vieler Hinsicht dieselbe geblieben war. Ich selbst hatte mich verändert – weil ich sehr viel durchgemacht hatte, weil ich, um der toten Zeit zu entkommen, beschlossen hatte, ein Kind zu haben. Es war notwendig, daß wir den Versuch machten, ein befriedigendes Verhältnis herzustellen. Vielleicht würden wir aneinander abprallen, vielleicht uns näherkommen. Kurz, wir würden unseren gemeinsamen Willen, den zerrissenen Faden wieder zu knüpfen, auf die Probe stellen.

Ich sah jedoch sehr wohl, daß diese Freundschaft von Anfang an innerlich von Erinnerungen an Vergangenes vergiftet war. Es war uns unmöglich, darüber zu sprechen. Von meiner Seite, weil ich allzu leidenschaftlich eine unglückliche Liebe durchlebt und nicht den Wunsch hatte, mit Castor die Reinfälle zu analysieren. Sie ihrerseits bildete sich vielleicht ein, die Flamme in mir könnte bei der geringsten Ermutigung wieder auflodern, obwohl eine solche Möglichkeit völlig ausgeschlossen war – mein Leben fand endgültig anderswo statt. Wenigstens hatte der brutale Schlag, den ich 1940 erhalten hatte, mich gelehrt, nicht in den Wolken einer illusionären Schwärmerei zu leben. Ich war hart auf die Erde zurückgestürzt, und damit war für mich Schluß mit der Leidenschaft (aber vielleicht nicht mit der Arglosigkeit). Ich hatte zudem gelernt, mich mit dem zufriedenzugeben, was mir gegeben wird.

Die Zurückhaltung, die Castor an den Tag legte, hing jedoch prinzipiell mit dem Kern unserer Geschichte zusammen. Es war normal, daß ich die Gründe nicht begriff, da ich ja von all ihren wahren Empfindungen für mich, ihren Intrigen und Lügen nichts wußte. All das, was ich 1990 entdeckt habe, konnte ich 1945 oder 1960 nicht wissen. Sie ihrerseits war gezwungen, immer weiter zu heucheln, sie war geradezu die Gefangene ihrer Heuchelei von einst: von ihrer Doppelzüngigkeit ahnte ich nichts. Bewußt war mir einzig, daß man die so belastende, zwischen uns so gegenwärtige Vergangenheit nicht heraufbeschwören konnte: die stinkende Leiche des Trios schwebte im Raum, kam jedoch in unseren Gesprächen nicht vor. «Wie kann man sie loswerden?» hätte Ionesco gefragt. Simone de Beauvoir fürchtete sich zweifellos vor meinen Vorwürfen und auch davor, nicht komplett all das verschleiern zu können, was ich weiterhin nicht wissen sollte. So schwieg man besser. Wenn es mir zufällig unterlief, sie auf einen Ort hinzuweisen, an dem wir einst gewesen waren, errötete sie eine Spur und wechselte das Thema.

Wegen des eindeutig zähflüssigen Charakters unseres Verhältnisses gewann ich manchmal den Eindruck, daß sie sich dazu zwang, und voll Traurigkeit nahm ich an, daß sie sich mit mir nur aus Pietät unserer alten Freundschaft gegenüber traf oder um das Leid wiedergutzumachen, das sie mir einst zugefügt hatte.

Abgesehen von dieser impliziten Weigerung, die Vorgänge von 1940 zu diskutieren, ergaben sich oft Mißverständnisse zwischen uns. Wir spürten, daß unsere Kontroversen heftig werden könnten, und vermieden absichtlich, miteinander in Konflikt zu treten.

Ein Thema von Meinungsverschiedenheiten war das Mißtrauen, das sie bürgerlichen Menschen und der Bourgeoisie gegenüber hegte. Man bedenke dabei, daß sie ebenso bourgeoiser Herkunft war wie ich oder dies sogar, falls sich derlei Dinge messen lassen, noch mehr als ich; doch ihre Revolte gegen ihr Herkunftsmilieu, seine Sitten, seine Vorstellungen genügte in ihren Augen: sie meinte, nichts mehr damit zu tun zu haben. Sie schloß sich Sartre an, der seinen Haß auf den Stiefvater mit Haß auf die gesamte Bourgeoisie verwechselte. Als Intellektuelle bildete Simone de Beauvoir sich ein, sie gehöre dieser Mittelschicht mit festen Traditionen nicht mehr an, nur weil sie sie ablehnte.

Ich habe den Abstand, der mich von den Lebensprinzipien der Mittelschicht trennt, niemals so scharf empfunden. Wenn eines der konstanten Merkmale der Bourgeoisie das Verhältnis zum Geld ist, dann unterschied sich meine Familie in diesem Punkt stark von manchen Familien der französischen Bourgeoisie, in denen im Mittelpunkt des sozialen Lebens das Geld steht. Als Opfer der ständigen Bedrängung, die zum jüdischen Leben gehörte, nahmen meine Eltern Sicherheit und Wohlstand mit schlichter Dankbarkeit an, als das Schicksal ihnen beides zuteil werden ließ; aber sie waren bereit, wieder arm zu werden, denn es gab zwischen ihnen und ihrem Vermögen keine notwendige Verbindung. Ich nahm es ohne Seelenqualen hin, zur Bourgeoisie zu zählen – was mich nicht daran hinderte, die Dinge zu durchschauen. Ich maß dem äußeren Anschein keinerlei Wert bei, schon gar nicht den Vermögensverhältnissen der Leute, aber ich sah nicht den mindesten Grund, so zu tun, als sei ich Arbeiterin, wie es Simone Weil getan hat, oder Bäuerin, wie es all die jungen Leute taten, die 1968 aufs Land gingen, um Ziegen zu züchten. Ich fühlte mich in keiner Weise schuldig und sparte mir meine Kräfte für Kämpfe, die es in meinen Augen eher wert waren.

Simone de Beauvoir und mich trennte auch ihre Treue zu den Positionen, die Sartre einnahm, der aus persönlichen Motiven nie umhin konnte, seine öffentlichen Akte mit einer Prise von Komödiantentum anzureichern, die ich übertrieben fand: er «setzte immer noch eins drauf». Man denke an das Russell-Tribunal, das er zusammen mit dem englischen Philosophen ins Leben gerufen hatte und wo mit großem Aufwand Zeugenaussagen über gemeine Diktatoren geprüft wurden, ohne daß man die mindeste Macht hatte, ein Urteil zu vollstrecken. Man denke auch an den Skandal, den Sartre auslöste, indem er den Nobelpreis zurückwies, unter dem Vorwand, er wolle sich weder einen Frack kaufen noch dem schwedischen König die Hand geben. Es stimmt, daß Simone de Beauvoir nicht dieses aufgeregte Wesen hatte, doch sie folgte gehorsam, ein wenig traurig, manchmal erstaunt, immer startbereit, dem Meister, der in allem entschied.

Es gab noch manche andere Gebiete, auf denen wir gründlich voneinander abwichen. Von den Dingen, die Castor versucht hatte, mir beizubringen, hatte ich mir vor allem eines nicht zu eigen gemacht: Ich war verheiratet. Sie mußte der Ansicht sein, daß ich mich dadurch als «bourgeois» erwiesen hatte. (Als würden nur bourgeoise Frauen heiraten und Kinder kriegen!) Bernard geehelicht zu haben, stellte von Castors Gesichtspunkt aus so etwas wie sittlichen Niedergang dar. Um sich davon zu überzeugen, braucht man nur in *Lettres à Sartre* zu blättern; man spürt darin das Vibrieren von Verdruß, Zorn, Rachsucht. In diesem Punkt hat sie versucht, mich und, was in meinen Augen schwerer wiegt, mit übelster Nachrede Bernard lächerlich zu machen. Damit enthüllt sie, daß ihr Horror vor der Ehe nicht nur schlicht die Absage an eine traditionelle Institution ist, sondern leidenschaftliche Zurückweisung.

Übrigens sprachen wir niemals über Bernard, über meine Liebe und Bewunderung für ihn. Es war beinahe, als hätte er nie existiert. Zweifellos fragte sie sich, warum ich weiter mit ihm lebte, ihn weiter glücklich machte, denn gemäß ihrer Lehre ist die Langeweile das Gesetz aller Ehen: «Es gibt zahlreiche ‹gut funktionierende› Ehen, in denen die Partner einen Kompromiß gefunden haben . . . Doch einem Fluch entgehen sie nur selten: der Langeweile.»* Zwischen Bernard und mir gab es keine Langeweile, weder Betrug noch Mißtrauen, sondern im Gegenteil physische Anziehung, große Zärtlichkeit, Freundschaft, Vertrauen. Die Vorurteile, die Castor gegen die Ehe hegte, machten sie unfähig, diese Fakten anzuerkennen. Was auch erklärt, daß sie für Deirdre Bair die Fabel von meiner Scheidung erfand, sowie ihre große Verblüffung, als ich während der Krankheit Bernards und bei seinem Tod so offenkundig zutiefst traurig war.

Die Kinderfrage trennte uns vielleicht noch mehr, denn Simone de Beauvoir, die nie den Wunsch nach einem Kind verspürt hatte, konnte sich nicht vorstellen, was einen Mann und eine Frau dazu bringen kann, sich Kinder zu wünschen. Zum Beispiel schreibt sie in *Das andere Geschlecht* über die Schwangerschaft, die Frau bilde «mit dem Kind ein zweideutiges Paar, das vom Leben überflutet wird. In den Fängen der Natur, ist sie Pflanze und Tier . . . sie ist ein menschliches

* Simone de Beauvoir *Das andere Geschlecht*, Zweites Buch, Reinbek 1992, S. 593.

Wesen, das Bewußtsein und Freiheit ist, das zum passiven Werkzeug des Lebens geworden ist.»* In einer noch phantasievolleren Formulierung beschreibt sie die schwangere Frau als ein Wesen, in dem «eine aus ihrem Fleisch geborene und ihrem Fleisch doch fremde Geschwulst heranwachsen wird . . . Sie ist eine Beute der Spezies».** Aus diesen Zitaten wird deutlich, daß die These vom rein leiblichen Charakter der Mutterschaft nichts anderes ist als die Kehrseite eines Spiritualismus. Ein menschliches Wesen sinkt – gemäß Simone de Beauvoir – von seinem Niveau als moralisches und geistiges Wesen ab, indem es sich vom Fortpflanzungsinstinkt mitreißen läßt. Es handelt sich da fast um einen metaphysischen Konflikt zwischen Natur und Geist. Der ganze Reichtum an positiv Bedeutsamem, der dem Kinderwunsch eigen ist, wird, wenn nicht stillschweigend übergangen, so doch nur in sehr schwachen Passagen erwähnt, wie mit Bedauern, während der Widerwille, die Furcht, der Haß angesichts der Mutterschaft, wie Simone de Beauvoir sie verstand, durch schlagende Formulierungen unterstrichen wird. Wenn man sich an diese Passagen in *Das andere Geschlecht* hielte, würde man mit Erstaunen entdecken, daß der Existentialismus ein Spiritualismus ist.

Ich für meinen Teil zog meine beiden Töchter mit sich stets erneuernder Freude groß, selbst wenn ihre Erziehung mich erschöpfte und mir Sorgen bereitete. Vielleicht beging ich den Fehler, ihr vornehmlich von dem zu erzählen, was mich beunruhigte, und nicht genügend die tiefen, warmen Gefühle zu betonen, die ich für die Mädchen empfand. Manchmal brachte ich ihr Fotos mit. Sie blätterte sie dann rasch und nervös durch und murmelte dabei: «Sie sind sehr niedlich, sehr niedlich.» Sie

* *Ibid.*, S. 630.
** *Ibid.*, S. 632.

wirkte gereizt. Als meine Töchter größer wurden, schenkte Simone de Beauvoir ihnen allmählich mehr Beachtung. Manchmal sprach ich von den Schwierigkeiten, auf die ich im Verhältnis zu ihnen stieß, und wir diskutierten darüber. Immer versuchte sie, mich zu beruhigen, aber man spürte, daß sie zwischen ihrer Freundschaft zu mir und der Sympathie gespalten war, welche sie spontan Heranwachsenden entgegenbrachte, die mit dem schwierigen Problem ringen, sich vom Familienverband loszureißen.

Eines Tages hatte ich genug davon, keinerlei Brücke zwischen den Schriftstellern, die ich kannte, und meiner Familie zu sehen. Ich schlug Castor vor, Sartre zu fragen, ob es ihm nicht Vergnügen machen würde, meine Töchter kennenzulernen und Bernard wiederzusehen; in diesem Fall solle er uns alle zum Essen einladen. Das wurde akzeptiert. Sicher hatte ich vage auch Lust, ihnen die Schönheit und Intelligenz der Wesen zu zeigen, die ich in die Welt gesetzt hatte: mein Vorstoß hatte auch etwas Trotziges.

Sartre und Castor erwarteten uns – Bernard, Marianne, Sylvia und mich – in einem Restaurant am boulevard Montparnasse. Marianne war achtzehn, Sylvia dreizehn Jahre alt. Das Essen verlief einigermaßen gut. Sartre, voller Elan und Lebhaftigkeit, wandte sich oft an Marianne, die hinreißend war, oder an Bernard und mich, die er lange nicht gesehen hatte. Dies war kurz nach dem Erscheinen von *Die Wörter*, 1964. Daran erinnere ich mich, denn das Buch war in den Zeitungen einstimmig gelobt worden – wundervoll geschrieben, ein wahres Meisterwerk –, und Sartre fragte mich, was ich davon hielte. Nun hielt ich aber nicht besonders viel davon, abgesehen von dem brillanten Stil. Ich antwortete mit einer gewissen Vehemenz, für mich klinge der Ton dieser Autobiographie unecht, und besonders von seiner Mutter habe er ein unnötig boshaftes Bild gezeichnet, sie nur als ein kleines Mädchen ohne

Persönlichkeit dargestellt, seinem Vater untertan. Ich fügte hinzu, daß er sich damit amüsiere, sich selbst herabzusetzen und die Distanz zu dem Kind zu wahren, das er einmal gewesen war, als wolle er seine Solidarität aufkündigen, sich die Rute geben. Das Ganze komme mir windig vor, nur komödiantisch. Sartre hörte mir mit interessierter und amüsierter Miene zu (es gefiel ihm, wenn man ihn kritisierte), beteuerte jedoch seine Liebe zu seiner Mutter. Ich solle doch zugeben, daß er dieses Buch zumindest aufrichtig geschrieben habe, verlangte er. Wenn man wußte, wie er über Aufrichtigkeit im allgemeinen und über literarische Aufrichtigkeit im besonderen dachte, dann wirkte sein Plädoyer ziemlich schwach.

Immer vor Disputen zurückzuweichen, wie wir es uns angewöhnt hatten, Castor und ich, konnte auf Dauer unerwartete und schädliche Folgen haben. Dies erwies sich im Herbst 1982 (also zwei Jahre nach Sartres Tod). Ein lebhafter Konflikt zeigte mir, wie viele Hintergedanken zu mir in Castor schwelten, von denen ich nie geahnt hatte, daß es sie gab, geschweige denn, wie virulent sie waren. In jenem Sommer hatte ich eine Reise nach Mexiko unternommen. Ich war weit fort, als sich das Attentat gegen das Restaurant *Goldenberg* in der rue des Rosiers ereignete. In Mexiko versuchte ich den regionalen Zeitungen zu entnehmen, was geschehen war, aber da ich Spanisch nicht kann, habe ich sicher nicht alles verstanden. Als ich Castor nach dem Sommer wiedersah, kam das Gespräch auf das Attentat, und ich gebrauchte eine Wendung wie «die Bombe, die das Restaurant *Goldenberg* zerstört hat». Sofort fuhr sie wie von der Tarantel gestochen hoch und sagte wütend: «Aber du weißt ja nicht mal, daß es sich um einen Maschinenpistolenangriff und nicht um eine Bombe gehandelt hat! Jedenfalls ist dir völlig egal, was anderen Juden passiert, du hast nicht den mindesten Sinn für Solidarität mit deinem Volk!» Ich saß erstarrt da. Ich versuchte ihr zu erklären, daß ich zur Zeit des Attentats in Mexiko gewesen war, daß mein Irrtum daher rührte. Im übrigen sähe ich nicht, woher sie das Recht nehme zu behaupten, ich wäre mit anderen Juden nicht solidarisch. Daß ich ein Detail verwechselt hatte, sei nicht signifikant: worin bestehe denn schon der Unterschied zwischen einer Maschinenpistole und einer Bombe? Beide verwunden, beide töten. Sie hörte mir kaum zu. Ich fühlte, daß sie über mich sehr verärgert war, begriff aber den Grund ihres Ärgers nicht. Sobald ich wieder zu Hause war, schrieb ich ihr einen Brief und erklärte ihr die Sache noch einmal, aber ich bezog darin auch zur palästinensischen Frage Stellung, denn als ich darüber nachdachte, schien mir, die Mißhelligkeit anläßlich der rue des Rosiers rühre in Wirklichkeit von unseren unterschiedlichen Meinungen zum palästinensischen Problem her. Paradoxerweise war sie bedingungslos pro-israelisch eingestellt, während ich der Politik der Regierung in Jerusalem weitaus kritischer gegenüberstand: mir schien eine solche Politik in eine Sackgasse zu führen, was ebenso ernst für die Palästinenser wie für Israel war, dessen Existenz inmitten so vieler arabischer Völker bedroht blieb. Ich vertrat diese Position schon lange, und sie hing gewiß damit zusammen, daß ich während des Algerien-Kriegs einen Sinn für das schwierige Verhältnis zwischen einem weniger entwickelten und einem technisch fortschrittlichen Volk erworben hatte. Ich bemühte mich, auf Stimmigkeit zwischen meinen diversen politischen Positionen zu achten, doch deswegen war ich, im Gegensatz zu dem, was Castor annahm, nicht pro-palästinensisch eingestellt; vielmehr erwog ich *auch* den Gesichtspunkt der Palästinenser, denen von Anfang an eine Ungerechtigkeit angetan worden war und mit denen die Israelis hätten rechnen müssen.

Hier Simone de Beauvoirs Antwort:

Liebe Bianca,

ich antworte auf Deinen Brief, damit Du nicht glaubst, ich hätte ihn gleichgültig gelesen, aber er ist dumm. Da die Situation nun einmal «zweischneidig» ist, wie Du sagst, warum sollte ich da Groll oder Mißachtung für jemanden hegen, der nicht meine Ansichten teilt?

Was Lanzmann angeht, so will ich nicht darüber diskutieren. Ich merke nur an, daß Du nichts anderes tust, als ihn zu beleidigen, indem Du sagst, er könne immer nur beleidigen. Ich bedauere, daß Du das Macho-Vorurteil teilst, nach dem eine Frau keine anderen Ideen haben kann als diejenigen, die ihr von einem Mann eingegeben werden. Ich habe viele Freunde (und Freundinnen), die Lanzmann nicht kennen und meine Sicht teilen. Aber keine Angst, Du bist nicht allein. Du solltest wissen, daß die Majorität der linken Intelligentsia radikal pro-palästinensisch eingestellt und nur allzu glücklich ist, den Libanon benutzen zu können, um Israel einmal mehr zu verdammen.

Am meisten schockiert hat mich in unserem Gespräch die mangelnde Informiertheit, die Dich hinsichtlich der rue des Rosiers von «Bombe» sprechen ließ. Und auch Dein unbeteiligter Ton. Bringt Deine Strenge gegenüber Israel Dich dazu, aller Solidarität mit der Gesamtheit der Juden abzuschwören?

Bleibt mir zu sagen, daß man nicht aus jeder unserer Diskussionen eine Tragödie machen sollte. Sonst wird man nicht mehr miteinander sprechen können.

*Bis bald. Ich umarme Dich.**

Ich will diesen Brief nicht kommentieren; ich überlasse es dem Leser, ihn zu würdigen. Ich merke nur an, daß Simone de Beauvoir es war, die durch ihre völlig ungerechtfertigten Attacken aus jenem kleinen Zwischenfall eine Tragödie gemacht hat, daß sie beleidigend ist und nicht ich. Ich füge hinzu: Die jüdische Frage muß für sie einen sehr sensiblen Punkt darge-

* Persönlicher Brief, den ich hier Wort für Wort transkribiere.

stellt haben, denn wenn man diese merkwürdige Reizbarkeit ins Auge faßt, diesen unerwarteten Wandel ihrer Einstellung im Vergleich zu derjenigen während des Krieges, die in *Lettres à Sartre* sichtbar wird, dann sind die Schuldgefühle hinter der scheinbaren Unbeugsamkeit nicht zu übersehen.

Unser Verhältnis war also wahrhaft kompliziert. Gewiß war sie für meine Treue empfänglich, denn sie wurde von vielen Leuten verabscheut, und traurig wunderte sie sich: «Alle können sie uns nicht ausstehen!» Sie, die davon träumte, geliebt zu werden, schien nicht zu begreifen, daß ihre verbale Gewaltsamkeit ebenso wie die Sartres bei ihren Gegnern Reflexe des Hasses provozierte.

Es ist also sicher, daß etwas anderes als Schuldgefühle sie an mich band, sonst hätte sie den Umgang mit mir nicht vierzig Jahre lang aufrechterhalten. Dafür war sie zu hart und zu geizig mit ihrer Zeit. Sagen wir, ihre Empfindungen mir gegenüber waren ambivalent – wie sie es bereits in der Vergangenheit gewesen waren.

Zu sagen bleibt, daß wir in mehreren wichtigen Punkten vollkommen übereinstimmten. Wir lehnten vehement die Kolonialherrschaft ab, eine politische Vorstellung, von der die französische Mentalität noch immer geprägt war, selbst die der Linken. In den fünfziger Jahren hatte die Zeitschrift *Temps modernes* fast allein gegen den Krieg in Indochina Stellung bezogen. Als in Algerien der Aufstand ausbrach, wankte das Engagement Sartres und seiner Freunde nicht. Bernard und ich waren rasch über die Entwicklung der Ereignisse beunruhigt gewesen. Als wir zu unterrichten begannen, arbeiteten wir zunächst – von 1948 bis September 1954 – in Algier. Wir wußten sehr wohl, daß diverse nationalistische Bewegungen existierten, daß Revolten – wie die von Sétif vor unserer Ankunft – blutig niedergeschlagen worden waren. Doch als die

Vorläufer dessen, woraus der «schmutzige Krieg» in Algerien werden sollte, sich einstellten, waren wir soeben nach Paris versetzt worden.

Der Umstand, daß ich jenseits des Mittelmeers gelebt hatte, machte mich für das, was geschah, besonders sensibel. Ich nahm aus Sympathie an dem Konflikt teil, weil ich gegen den Kolonialismus war und es für müßig hielt, weiter künstlich zu behaupten, daß «Algerien Frankreich ist/war», nachdem Marokko und Tunesien die Unabhängigkeit erlangt hatten. Mir schien, daß die allgemeine historische Entwicklung damals, in der Mitte des zwanzigsten Jahrhunderts, die Unabhängigkeit des algerischen Volkes letztlich unvermeidlich machte. Zugleich war ich jedoch auch sensibel dafür, daß die verzweifelte Weigerung der Europäer in Algerien (die man später *pieds-noirs* nannte) auf ihrer Liebe zu einem Land beruhte, das sie bestellt hatten. Was mich verblüffte, war ihre historische Unwissenheit, ihre Weigerung, die Welt um sie her zu bedenken. Ich sah voraus, daß ihre Blindheit zu einer Tragödie führen würde. Gleichwohl hatte ich nie etwas übrig für die geringschätzige Haltung der meisten Europäer gegenüber der arabischen Bevölkerung. Aus all diesen Gründen litt ich genauso mit den Aufständischen wie mit den Algerien-Franzosen.

Die ersten Massaker und die ersten Ausbrüche dessen, was man damals noch eine Rebellion nannte, ereigneten sich an Allerheiligen 1954. In den beiden folgenden Jahren verfolgten wir angstvoll den Wechsel von Attentaten und Repression. Im Herbst 1956 wurde das Flugzeug, das mehrere algerische Führer, darunter Ben Bella, von Marokko nach Tunesien brachte, im algerischen Luftraum zum Umkehren gezwungen, trotz der Sicherheitsgarantien, die der Sultan von Marokko für seine Gäste von der französischen Regierung erhalten hatte. Dieser Vorfall erregte international Aufsehen. Am Gymnasium diskutierten wir viel darüber. Bei einer Gewerkschaftsversammlung klagte eine Kollegin über die allgemeine Gleichgültigkeit, während militärische Aktionen abliefen; ihr Mann, ein Arzt, war soeben nach Algerien zurückbeordert worden. Ihr Zorn berührte mich, und ich beschloß zu handeln, woraus sich mein Engagement im Kampf gegen diesen Krieg ergab. Mit Hilfe einiger Kollegen schrieb ich folgenden Text:

«Die unterzeichnenden Mitglieder des Personals des Lycée La Fontaine ersuchen die Regierung, rasch die notwendigen Kontakte im Hinblick darauf aufzunehmen, daß in kürzester Frist und wirksam ein Waffenstillstand in Algerien ausgehandelt werden kann. Nur Verhandlungen erlauben es, die Grundlagen für eine friedliche Regelung zu bestimmen und im gemeinsamen Interesse ein neues Verhältnis freier Übereinkunft zwischen Frankreich und Algerien herzustellen.»

Dieser Appell wurde schnell von mehr als der Hälfte der Lehrer und Verwaltungsangestellten des Gymnasiums unterschrieben. Dann zirkulierte er in Paris und Umgebung von Schule zu Schule. In ein paar Wochen hatte ich tausend Unterschriften in den Händen. Ich fand dieses Ergebnis ermutigend; es zeigte, daß ein großer Teil der Lehrkräfte gegen die Fortsetzung des Kolonialkriegs war. Was für die Gymnasiallehrer zutraf, galt wohl auch für andere Bevölkerungsgruppen. Ich sandte das Schreiben also an die Regierung und adressierte es auch an General de Gaulle, der sich nach Colombey-les-Deux-Églises zurückgezogen hatte. Ich erhielt keine Antwort von Guy Mollet (was nicht erstaunlich war), aber ein Kärtchen von General de Gaulle: meine Mitteilung habe ihn interessiert.

Ich habe nun nicht vor, von allen Vorstößen, Aktionen und Kolloquien zu berichten, die wir in den fünfeinhalb Jahren des Krieges bis zum Abkommen von Évian in Gang gesetzt haben. Ich möchte nur signalisieren, daß wir am Anfang in einem Komitee alle an höheren Schulen Tätigen zusammenbrachten, die eine Lösung durch Verhandlungen mit den Algeriern herbeiführen wollten. Dies war das akademische Komitee zur Verteidigung der Freiheiten und des Friedens in Algerien, dessen Sekretariat aus Madeleine Rebérioux, Andrée Tournès, Geneviève Trimouille und mir bestand und in engem Kontakt mit dem Komitee Audin blieb (nach dem Tod von Maurice Audin gegründet), mit dem Colloque universitaire und mehreren anderen Vereinigungen. Neben unseren Lehrverpflichtungen und unseren Familien hatten wir die Aufgabe übernommen, die Aktionsgruppe zu koordinieren und zu organisieren, aber wir sahen zu unserer Verzweiflung, daß alle politischen Parteien die Fortsetzung dieses Krieges hinnahmen, den man nicht einmal Krieg nennen wollte. Die Mehrzahl der Franzosen spottete darüber wie über ein kleines Mißgeschick; ihre Gleichgültigkeit bestärkte uns in in unserem Zorn.

Simone de Beauvoir und ihre Freunde wirkten in derselben Richtung wie wir, mit vielleicht deutlicherem Abscheu vor Frankreich und den Franzosen als wir*, was damit zusammenhängen mochte, daß sie anfangs die Breite der Protestbewegung nicht erkannt hatte. Allmählich ließ sie sich für verschiedene Aktionen gewinnen und unterzeichnete Protestschreiben, darunter den «Appell der 121». Schließlich beteiligte sie sich, von Gisèle Halimi dringlich aufgefordert, am Komitee Djamila Boupacha, benannt nach einer jungen Algerierin, die entsetzlich gefoltert worden war. Man kann also sagen, daß Simone de Beauvoir und ich endlich ein gemeinsames politisches Terrain gefunden hatten. Diese Gemeinsamkeit stärkte unsere Freundschaft.

* Simone de Beauvoir *Der Lauf der Dinge*, Reinbek 1970. Dort sind Details zu den Ereignissen und über den Zorn oder die Entrüstung Simone de Beauvoirs während des Algerien-Kriegs nachzulesen.

Bernards Tod im September 1978 gab mir erneut Gelegenheit, diese Freundschaft zu ermessen. Ich verschloß mein tiefes Unglück in mir; ich versagte es mir zu weinen; dennoch war ich verwüstet von Leid; eine ganze Wand meines Lebens war eingerissen worden. Wir hatten siebenunddreißig Jahre zusammengelebt, in denen wir kaum je voneinander getrennt waren. Unsere Liebe war im Lauf der Jahre nur gewachsen und tiefer geworden.

Trotz oder wegen meines Leids stürzte ich mich in die Masse der Schriften, die Bernard verfaßt hatte. Er hatte sich auf die Ästhetik der Malerei spezialisiert, auf diesem Gebiet an der Universität Paris I gelehrt und intensive Forschungsarbeit geleistet, deren Ergebnisse er als Buch veröffentlichen wollte. Er hatte fast sechzehn Jahre daran gearbeitet. Der Tod hatte sein Leben grausam gekappt, bevor dieses Werk völlig abgeschlossen war. Mir erschien es undenkbar, in einer Schublade das Ergebnis so beharrlicher Mühen, solcher Bildung und Sensibilität verkommen zu lassen. Dieses lange Werk behandelte das komplexe Verhältnis zwischen Zeit und Malerei. Sicher kannte ich die zentralen Thesen, über die wir oft diskutiert hatten, aber Bernard zeigte nicht gern, woran er schrieb, bevor er die Arbeit beendet hatte; daher kannte ich nur, was mit der Maschine geschrieben war, etwa die Hälfte (600 Seiten); das übrige lag in Form von fast unleserlichem Gekritzel vor, ohne erkennbare Gliederung. Ich beschloß, zunächst den Text zu sichern, wozu ich fast zwei Jahre brauchte (ich unterrichtete noch am Gymnasium). Dann lagen 1250 Seiten vor mir, was mich dann doch ein wenig erschreckte.

Ich bin philosophisch ausgebildet, und ich liebe die Künste, zumal die Malerei, aber ich bin keine Ästhetik-Spezialistin. Ich stand somit vor einer großen Schwierigkeit: ein gewaltiges kunstphilosophisches Manuskript zu beurteilen war nicht meine Sache. Ich bat Bernards Kollegen und Freunde um Hilfe, aber ich fand keine. Alle waren mit so vielen verschiedenen Dingen beschäftigt, hatten Bücher zu schreiben, an Kongressen teilzunehmen, die sie als Ausreden benutzten. Einer davon ging bis zu dem Versuch, durch ungerechtfertigte Kritik mein Vertrauen in das Werk meines Mannes zu zerstören. Ich kochte vor Wut. Wäre ich schwächer oder schüchterner gewesen, hätte ich an jenem Tag alles bleibenlassen und in eine Depression stürzen können. Glücklicherweise lodert mein Temperament auf, wenn ich empört bin. Von jenem Manöver angestachelt, verfolgte ich mit noch größerer Zähigkeit mein Ziel: Bernards Arbeit veröffentlichen zu lassen.

Von unseren Freunden erklärten sich nur Marie-Louise und Henri Gouhier (er war an der Sorbonne unser Professor für Philosophiegeschichte gewesen) bereit, das dicke Manuskript zu lesen und mir ihre Ansicht mitzuteilen – sie waren voll des Lobes. Aber ich hatte das Bedürfnis, eine weitere Meinung zu hören, bevor ich mich auf eine vermutlich sehr langwierige und hindernisreiche Arbeit einließ. Ich fragte Castor, ob sie den Text lesen und mir sagen könnte, was sie davon hielt. Sie war zwar nicht auf Ästhetik spezialisiert, aber sie liebte die Malerei, und ich meinte, sie repräsentiere genau die Sorte von Lesern, die sich für Bernards Ideen interessieren könnten.

Sie las gewöhnlich viel und sehr schnell: die 1250 Seiten schüchterten sie nicht ein, und sie las sie zweimal. Ihr Eindruck war sehr positiv; sie hatte die Analysen von Gemälden sehr bereichernd gefunden und hielt vor allem die zentrale These für neu und solide: der Malerei gegenüber einen gegenwärtigen Gesichtspunkt einzunehmen, sowohl was die Wahrnehmungsweise angesichts der Werke wie auch den Inhalt der Gemälde anging. Diese Würdigung war mir überaus wichtig; sie machte mir Mut, die harte Aufgabe anzupacken, die mich erwartete. Doch Simone de Beauvoir tat noch mehr: sie schlug spontan vor, das Manuskript Robert Gallimard zu zeigen, mit dem sie freundschaftlichen Umgang pflegte. Er holte das schwere Paket persönlich bei ihr ab. Im Verlauf eines Gesprächs erläuterte sie ihm, wie interessant und neuartig die darin entwickelten Ideen seien.

Wenn Monsieur Gallimard mich einige Wochen später in sein Büro bat, so um mir zwar in aller Höflichkeit, jedoch klar zu sagen, dieser Text sei nicht publizierbar. Ich war darüber kaum erstaunt, dagegen schockierte mich, daß er mir keinerlei Hinweis gab, auf welche Weise es denn «publizierbar» zu machen wäre, keinerlei Rat, weder was das Ziel noch was die Wege dorthin anging. Eine solche Einstellung war sehr enttäuschend, aber da sie so brutal geäußert wurde, sah ich ein, daß ich nicht hoffen konnte, die Arbeit je so zu veröffentlichen, wie sie war: bemerkenswert, aber viel zu lang. Also setzte ich mich zwei weitere Jahre an meinen Schreibtisch und lichtete entschlossen den Text, den Bernard mit allzu vielen Details befrachtet hatte; ich strich auch mehrere Bildanalysen. Ich straffte viele Sätze, ließ Abschnitte oder ganze Seiten aus, bewahrte aber den Stil und vor allem die Gedanken, die der Autor entfaltet hatte. Dieser lange, vertraute Umgang mit Bernards Schreiben und Denken half mir sicher, die harte Trennung zu überwinden: ich stand nicht einfach vor der Leere, sondern arbeitete weiter mit dem Mann zusammen, den ich geliebt hatte, und überdies hatte ich das Gefühl, etwas für ihn zu tun. Dennoch war dieses Eingreifen in einen Text, der mir einerseits so nah war, andererseits nicht der meine, auch eine quälende Arbeit, die mich emotional und intellektuell stark beanspruchte. Ständig hatte ich heikle Entscheidungen zu treffen, ohne daß jemand mich beriet. Ich lebte in ständigem Zweifel, kämpfte mich aber tapfer voran. Die Alternativen waren klar: dies oder überhaupt nichts.

So erschien *Peinture et temps* – gestrafft, komprimiert und mit Illustrationen versehen, die ich sorgsam ausgewählt hatte –

1983 bei Klincksieck und 1987 in einer erweiterten Neuausgabe mit Kapiteln über den Kubismus und Futurismus, für die in der ersten Fassung kein Platz gewesen war.

Wenn ich diese Episode ein wenig ausführlich beschrieben habe, so vor allem, weil die Arbeit an Bernards Buch für mich in verschiedener Hinsicht große Bedeutung besaß. Ich hatte ein Unternehmen voller Ungewißheiten glücklich abgeschlossen: nicht nur war das Buch veröffentlicht, es verkaufte sich auch. Meine Töchter und Freunde waren auf mich stolz: die enorme Forschungsarbeit des Autors war der Öffentlichkeit zugänglich. Noch ein weiteres Motiv hat mich jedoch zu diesem Bericht gedrängt: bei jener Gelegenheit verspürte ich die tätige Zuneigung Castors. Sie hatte begonnen, das Gebäude meines Lebens zu verstehen: sie hatte begriffen, daß Bernard wirklich jemand war, den ich geliebt hatte, und der Kampf, den ich führte, um sein Buch zu retten, bewegte sie.

Um auf Simone de Beauvoir zurückzukommen, möchte ich von einem Tag erzählen, an dem es um «das Taxi» ging, dieses für ihr Leben unentbehrliche Utensil. Sie bewegte sich immer mit dem Taxi voran, da sie schon lange nicht mehr gehen konnte oder wollte. Andererseits bediente sie sich auch nicht mehr der öffentlichen Verkehrsmittel. Zu einem unserer Treffen waren wir *Chez Pierre* verabredet – ein sympathisches Restaurant an der rue de Richelieu in der Nähe des Théâtre Français. An jenem Tag streikten die Taxifahrer, und ich kam einfach mit der Métro. Ich wartete lange. Als sie endlich eintraf, außer Atem und zerzaust, erzählte sie mir, sie habe wahnsinnige Mühe gehabt, einen Wagen zu finden, der Fahrer habe sie weit vom Restaurant, bei den Tuilerien, abgesetzt, weil er die Repressalien seiner zahlreichen Kollegen befürchtete, die sich am Palais-Royal versammelten. Ich fand es betrüblich, sie in einem solchen Zustand zu sehen, nur weil sie fünfhundert Meter zu Fuß gegangen war; ohne daß wir darüber sprachen, fürchteten wir beide den Heimweg. Ich schlug vor, ich würde mein Auto holen und sie heimfahren, aber das wies sie zurück. Im übrigen waren die Straßen am Palais-Royal so verstopft, daß selbst die Busse nicht vorankamen: die Métro blieb als einzige Lösung übrig. Castor war sicher seit zwanzig Jahren nicht mehr damit gefahren. Als erste Schwierigkeit erwies es sich, daß sie es haßte, die Treppen hinabzusteigen: ihr wurde irgendwie schwindlig davon, und nur mit der größten Vorsicht setzte sie den Fuß auf eine Stufe nach der anderen. So war es immer gewesen. Umsichtig stiegen wir die Treppe der Station Palais-Royal hinab. Beim Umsteigen an der Station Place-d'Italie stützte ich ihren schwer gewordenen Körper, so gut ich konnte. Das Überwinden der langen Gänge war ein endloses, gefahrvolles Unterfangen, das Schlimmste kam jedoch, als wir an der Station Denfert-Rochereau eintrafen, die sehr tief gelegen ist: Castor weigerte sich glatt, die Rolltreppe zu benutzen, und ich mußte sie Stufe um Stufe bis zum Ausgang hieven. Als wir bei ihrer Wohnung ankamen, wo sie mit einer Journalistin verabredet war, warf sie sich atemlos und am Ende ihrer Kräfte auf ein Sofa. Ich verließ sie wie nach einer großen Schicksalsprüfung, die mir zugleich schmerzlich gezeigt hatte, in welchem körperlichen Zustand meine Freundin war.

Dieser Vorfall führt mich dazu, auf unsere gegensätzlichen Einstellungen zur Gesundheit zu sprechen zu kommen. Man kann wohl sagen, daß ich auf meine Gesundheit und die anderer immer sehr bedacht gewesen bin, während Simone de Beauvoir in diesem Punkt stets gleichgültig gewesen war und auf meine Ratschläge zur Vorsicht sogar feindselig reagierte. Gewiß, in ihrer Jugend war sie kräftig und widerstandsfähig gewesen und hatte ihren Körper schwierigen Prüfungen unterzogen. Ich bewunderte ihr Durchhaltevermögen, das zugleich dem Bedürfnis, sich körperlich zu verausgaben, wie auch echter Liebe zur Natur entsprang. Aufgrund dieser strahlenden Vitalität war sie sich der Grenzen ihrer Kraft nie bewußt. Es konnte ihr passieren, daß sie nur mit einer Tafel Schokolade in der Tasche zu einer langen Wanderung aufbrach. Sie wollte die Welt in ihrer ganzen Unermeßlichkeit durchstreifen. Ihr Körper mit all den unvermeidlichen Zwängen, die er ihr auferlegte, war zugleich das Mittel, ihr Verlangen zu befriedigen, und das Hindernis, das ihr reiner Wille besiegen sollte.

Dagegen war meine Gesundheit in meiner frühen Kindheit sehr zart gewesen: nur durch die aufmerksame Fürsorge meiner Eltern konnte ich meine Schwäche überwinden. Im Umgang mit meinem Vater, der sein Medizinstudium nicht vergessen hatte, eignete ich mir besondere Wachsamkeit an, was eine gesunde Lebensführung betraf: ich wurde kräftig und sportlich. Vielleicht erklärt sich aus diesen Umständen mein konstantes Interesse an körperlicher Ausgewogenheit und darüber hinaus für medizinische Fragen.

Als Castor gealtert war, gab sie, um alle Energie auf die intellektuelle Tätigkeit zu lenken, jedes physische Training auf; sie mochte nicht mehr radfahren, was sie doch so gern getan hatte, und nicht mehr wandern. Das einzige Gesetz, von dem sie sich lenken ließ, war ihre Lust, das heißt, ihre Faulheit. Wenn ich versuchte, mit ihr darüber zu sprechen, antwortete sie kindlich, sie habe keine Lust mehr, sich anzustrengen. Wenn ich versuchte, mit ihr vernünftig über die Schäden zu reden, die der Alkoholmißbrauch in ihrem Organismus anrichten würde, wurde sie sehr gereizt und ließ meine Ratschläge völlig außer acht. Man hätte meinen können, meine Vorsicht und die Sorge, die ich mir um sie machte, wären ein Verbrechen.

Sie ernährte sich auf höchst sonderbare Weise. Im Restaurant wünschte sie, daß man ihr weder Sahne noch Butter noch Innereien servierte; Käse lehnte sie ab. Kurz, ihr grauste vor allen Milchprodukten: eine solche Ablehnung kam mir, in Anbetracht ihrer ablehnenden Haltung zur Mutterschaft, sehr sinnig vor. Vielleicht hatte sie in der frühesten Kindheit sehr eindringliche Erlebnisse gehabt. Als ich über diese Fragen nachdachte, las ich, um mir klarer zu werden, noch einmal die ersten Seiten von *Memoiren einer Tochter aus gutem Hause*. Mir fiel auf, daß zwischen dem ersten Satz – «Ich wurde am 9. Januar 1908 um vier Uhr morgens geboren . . .» – und dem zweiten, der ein Foto beschreibt, auf dem Damen und Herren ein schönes Baby anlächeln, das heißt, zwischen einem standesamtlichen Faktum und einer narzißtischen Szene, *nichts* existiert, was das so wichtige körperliche Verhältnis eines Neugeborenen zu seiner Mutter charakterisierte. Im allgemeinen ersetzen die Berichte aus der Familie die fehlenden frühen Erinnerungen. Etwas weiter hinten beschreibt Simone de Beauvoir die barbarische Zeremonie der Mahlzeit: «Die Hauptfunktion von Louise und Mama bestand darin, mich zu füttern, was für sie nicht immer eine leichte Aufgabe war. Durch meinen Mund drang die Welt auf intimere Weise in mich ein als durch meine Augen und über meine Hände. Ich nahm sie aber nicht einfach in Bausch und Bogen hin. Der fade Geschmack der Grünkernsuppe, des Haferschleims, der Brotsuppen entlockte mir sogar Tränen; schmieriges Fett, das klebrige Innere der Schaltiere widerten mich an: Schluchzen, Geschrei, Erbrechen waren die Folge davon; meine Antipathien waren so unüberwindlich, daß man darauf verzichtete, ihnen entgegenzutreten.»*

In ihren letzten Jahren wählte sie, wenn wir bestellten, mit

* Simone de Beauvoir *Memoiren einer Tochter aus gutem Hause*, Reinbek 1968, S. 8.

großer Sorgfalt den Wein, den wir trinken würden, und rituell (jedoch ergebnislos) erinnerte ich sie daran, daß ich zwar Wein sehr mag, aber sehr wenig davon trinke: eine halbe Flasche genüge. Doch ungeduldig tat sie meine Bemerkung ab und bestellte eine ganze Flasche, die sie dann fast allein leerte, wobei sie sehr wenig aß. Mit den Jahren, und vornehmlich während Sartres Krankheit, wurde Simone de Beauvoir geradezu anorektisch, was ich mit Bestürzung beobachtete. Nachdem sie reiflich erwogen hatte, welchem Gericht sie den Vorzug geben sollte, nahm sie langsam einige Gabeln davon zu sich, dann schob sie ihren Teller weg. Dagegen gelang es mir nie, sie davon abzuhalten, die Flasche zu leeren. Wenn ich dem Kellner, während sie ihren Scheck ausschrieb, bedeutete, er solle die Flasche mitnehmen, dann verwehrte sie mir das ärgerlich und trank den Wein bis zum letzten Tropfen aus. Da ich wußte, daß ihr Arzt ihr auferlegt hatte, die tägliche Alkoholmenge strikt zu begrenzen, und da sie sicherlich vor dem Essen ein, zwei Whiskys gekippt hatte, sah ich mit wirklicher Beunruhigung, daß sie sich nur von Alkohol ernährte. Sie hatte einen vergeblichen Kampf gegen Sartres Alkoholismus geführt; nun versuchte Sylvie Le Bon ihrerseits, denjenigen von Simone de Beauvoir zu bekämpfen, ohne mehr zu erreichen. Bei mir besonders bedrohlich erscheinenden Vorfällen habe ich Sylvie manchmal sogar angerufen, um ihr davon zu berichten. Sie antwortete mir meist bitter, sie wache über Castor, so gut es ihr nur möglich sei, aber sie könne nicht ständig neben ihr stehen. Sie täuschte sich völlig über meine Motive: ich machte ihr nicht den mindesten Vorwurf und wollte auch nicht die Schwierigkeit ihrer Aufgabe verniedlichen, nur erschien es mir dennoch manchmal nützlich, sie zu benachrichtigen.

Gewiß kam der Hang, sich in den Alkohol zu flüchten, von der überaus harten Schicksalsphase, die Simone de Beauvoir durchlebte. Sie war wegen des Gesundheitszustands von Sartre in großer Angst und Sorge. Liebe zu ihm, Mitleid mit ihm sowie ihre eigene panische Angst bei der Vorstellung, ihn zu verlieren, stritten sich um ihre Seele.

Doch noch etwas Weiteres wühlte sie auf: die *Präsenz* des Todes, den Tod in Sartre am Werk zu sehen. Simone de Beauvoir hatte sich immer vor dem Tod gegraust und war von fixen Ideen zu ihrem eigenen Hinscheiden besessen gewesen. Sie konnte nicht ohne eine heftige Revolte metaphysischer Art zugeben, daß ein Bewußtsein, ganz besonders das ihre, plötzlich verschwinden könne – und damit zugleich eine Welt von Erfahrungen, Gedanken und Genüssen zum Einstürzen brächte. Gleichwohl ist festzuhalten, daß diese extreme Sichtweise durch schwere Erlebnisse modifiziert worden war. Man spürt dies zuerst bei der Krankheit und dem «sanften Tod» ihrer Mutter, den sie mit starken Emotionen miterlebt hat. Als sie sich am Krankenbett ihrer gepeinigten Mutter aufhielt, hatte sie ihre Liebe für diese, mit Mitleid gemischt, wiedergefunden. Das drohende Ende hatte ihr eine Meditation über den Tod eingegeben, ja fast hatte sie sich akklimatisiert – trotz des Entsetzens, das sie immer wieder verspürte, und trotz der Konflikte mit Ärzten und Krankenschwestern, denen sie sich stellen mußte.*

Dieses Verhältnis zum Tod gewann jedenfalls noch einmal an Tiefe während der Krankheit Sartres, die den vorherrschenden Egozentrismus zum Wanken brachte, der sie seit langem geprägt hatte, wenn Sorge um den Nächsten anstand. So erlaubte ihre Liebe zu Sartre es ihr, die Ich-Sperre zu durchbrechen und bewußt dem Tod des anderen zuzustimmen. Das verleiht dem Buch *Die Zeremonie des Abschieds*, das sie nach Sartres Tod in einem absichtlich kahlen Stil schrieb, diesen fast

* Simone de Beauvoir *Ein sanfter Tod*, Reinbek 1965.

resignierten Ton. «Sein Tod trennt uns. Mein Tod wird uns nicht wiedervereinen. So ist es; es ist bereits schön, daß unsere Leben so lange Zeit übereinstimmen konnten», schreibt sie am Ende des Buchs.*

Dieses Tons nobler Gelassenheit bedient sich die Autorin *nach* der Erfahrung des Todes. Doch die Frau, die ich kannte, war nicht so rasch ergeben – auch nicht so weise, so gefaßt. Offensichtlich kam der verstärkte Alkoholismus von Castor, ihre quasi-suizidäre Attitüde in den letzten Jahren ihres Lebens daher, daß sie die Vorstellung der endgültigen Trennung von Sartre, die sie schon seit langem fürchtete, nicht ertragen konnte.

Indessen kam zum Schmerz Simone de Beauvoirs angesichts der Blindheit und des Verfalls des Philosophen ein weiterer Konflikt, der sich in den letzten sechs, sieben Jahren immer mehr verschärfte. Sartre war von vielen treuen Freunden umgeben, zum Beispiel vom gesamten Team der Zeitschrift *Temps modernes*, aber auch von vielen Freundinnen. Überdies hatte er 1965 beschlossen, Arlette Elkaïm zu adoptieren, die er aufrichtig liebte und der er sehr verbunden war.** Gegen Ende seines Lebens, 1974, nahm er Pierre Victor zum Sekretär, eigentlich Benny Lévy, einen der politischen Führer der proletarischen Linken: «Zwischen ihm und Sartre entspann sich eine enge Verbindung, eine freundschaftliche Beziehung . . . eine kontroverse, schwer analysierbare Beziehung», schreibt Annie Cohen-Solal schamhaft und vorsichtig in ihrer Sartre-Biographie.*** Vornehmlich wegen dieser Doppelgestalt an Sartres Seite enfaltete sich das Drama, dessen

* Simone de Beauvoir *Die Zeremonie des Abschieds und Gespräche mit Jean-Paul Sartre*, Reinbek 1983.

** Annie Cohen-Solal *Sartre*, Reinbek 1991.

*** Ibid.

Opfer Castor war. Ihre kühle Beziehung zu Arlette verwandelte sich allmählich in offenen Haß. An Benny Lévy würdigte sie anfangs, was er Sartre brachte, den lebhaften, anstrengenden Gesprächspartner, den der alte Mann brauchte, um sich noch ein wenig lebendig zu fühlen; als ihr jedoch klar wurde, daß Lévy ihn erschöpfte und daß er versuchte, die Berühmtheit des Philosophen zu persönlichen Zwecken zu nutzen, bemühte sie sich vergeblich, Sartre dazu zu bewegen, sich von dem Einfluß zu befreien. Gereizt und zornig reagierte sie auf die Vitalität und die wachsende Animosität der beiden jungen Leute: Simone de Beauvoir, die Gefährtin während fünfzig Jahren, wurde verdrängt, wurde zugleich gefürchtet und mißachtet.

Es war nötig geworden, den kranken und gebrechlichen Sartre in exakt bestimmten Schichten zu umsorgen, woran mehrere Personen beteiligt waren. Nach einigem Zaudern* hatte Castor beschlossen, alle Nachmittage bei ihm zu verbringen, um ihm vorzulesen. Als man noch begann, den Schichtplan zu organisieren, sagte sie eines Tages zu mir, als suche sie nach einer Entschuldigung: «Verstehst du, ich kann nicht Tag und Nacht bei Sartre verbringen, ich muß auch weiterarbeiten, meine Freunde treffen, mein eigenes Leben führen. Ich verbringe meine Nachmittage bei ihm. Die übrige Zeit halten Arlette, Benny Lévy und andere Freunde bei ihm Wache.» Ein solches Arrangement entsprach übrigens Punkt für Punkt demjenigen, das sie während ihres ganzen Lebens gehabt hatten. Hat Castor die Dauer ihrer Anwesenheit freiwillig eingeschränkt? Oder wurde sie von anderen dazu gedrängt, damit sie Platz fanden? Ich weiß es nicht zu sagen, denn sie informierte mich nur knapp über ihre Reibungen mit Sartres Hofstaat. Neben Castor, Arlette und Lévy kamen auch andere

* Deirdre Bair *Simone de Beauvoir*, München 1992, S. 737.

ihn besuchen, was ihn ablenkte, jedoch manchmal eine ernste Erschwerung bedeutete: manche von ihnen brachten, von dem alten Mann darum gebeten, Flaschen mit Alkoholika mit, die in irgendwelchen Winkeln versteckt wurden. Dadurch verschlimmerte sich der Zustand des berühmten Kranken, und Castor mußte alle möglichen Verstecke nach diesem Gift durchsuchen, das Sartre tötete.

Wenn sich das Verhältnis zwischen Arlette und Castor zunehmend verschlechterte, dann zunächst wegen der Vielzahl von Beziehungen, die sich um den Kranken entsponnen hatten, jedoch wahrscheinlich auch wegen der Persönlichkeit von Benny Lévy.

Hier ein Beispiel für die Feindseligkeit, die im Lauf der Monate aufkam. Man erinnere sich, daß Arlette, Benny Lévy und Sartre 1978 für einige Tage nach Jerusalem reisten, wo sie Kontakte sowohl zu Israelis wie zu Palästinensern hatten. Nach ihrer Rückkehr schrieb Lévy mit Sartre *Entretiens* über das palästinensische Problem, Gespräche, die eigentlich im *Nouvel Observateur* erscheinen sollten. Simone de Beauvoir erspähte den Text auf Sartres Schreibtisch; sie fand ihn oberflächlich und parteiisch für die Palästinenser. Sie war hell empört und alarmierte die Kohorte alter Freunde von *Temps modernes*, die den Text ebenfalls schlecht fanden. Benny Lévy wurde mit dem Urteil konfrontiert und war außer sich vor Zorn. Auch Simone de Beauvoir war sehr verärgert, als sie mir davon erzählte.

Zwei Jahre später, sehr kurz vor seinem Tod, begann Sartre mit Benny Lévys Hilfe eine neue Serie von *Entretiens*, in denen es um sein Gesamtwerk ging. Diese Arbeit beschäftigte sie einige Zeit, und Lévy sorgte dafür, daß Simone de Beauvoir keinen Zugang zu den Kassetten hatte. Diesmal brachte Lévy den Text der neuen Gespräche selbst zu Jean Daniel, um sicherzugehen, daß sie nicht abgefangen wurden. Während Jean Daniel noch zögerte, als er feststellte, was darin stand, erhielt er einen Anruf von Sartre persönlich, der ihm förmlich gebot, sie zu drucken. Also veröffentlichte der *Nouvel Observateur* im März 1980 in drei Folgen *L'espoir maintenant (Die Hoffnung heute)*. Es steht mir nicht zu, diesen langen Text hier gründlich zu analysieren, sondern ich verweise auf Annie Cohen-Solals Analyse in ihrer Sartre-Biographie. Ich selbst war platt, als ich las, daß Benny Lévy offensichtlich Sartre dazu gebracht hatte, sich in so vielen wesentlichen Punkten zu verleugnen. Man hatte das Gefühl, daß der alte Mann Schritt für Schritt vor dem Druck zurückwich, die eine junge Intelligenz auf ihn ausübte, die vorging wie ein stalinistischer Kommissar: offensichtlich hatte Sartre nicht mehr die physische und mentale Kraft zu widerstehen. Man löste sich mit einem unbehaglichen Eindruck von dieser Lektüre.

Angesichts dieser Verfehlung Benny Lévys erreichte Simone de Beauvoirs Ärger den Höhepunkt. Noch schlimmer jedoch für sie (und für ihn) war, daß Sartre und sie zum erstenmal uneinig und aufeinander zornig waren: «Da er nicht mehr er selbst war, ertrug er nur mehr Victors direkten Einfluß . . . In jenen letzten *Entretiens* . . . hatte Victor ihn dazu verleitet, sich zu verleugnen . . . Sartre war verstockt . . . er war von all dem sehr zerrissen, er hatte keine Lust, sich die Wahrheit vor Augen zu führen.»*

Arlette stand ihrerseits unter dem Bann des jungen Mannes. Gemeinsam lasen sie die Thora, denn bizarrerweise war Benny Lévy von der proletarischen Linken zum militanten Judaismus übergewechselt: Castor sah sich also zwei Gegnern gegenüber, von denen einer die gesetzlichen Rechte einer Tochter besaß und der andere genügend Einfluß auf «den kleinen Mann», um deren Macht entgegenzuwirken. Ich dachte trist bei mir, daß Simone de Beauvoir sich die Grube selbst gegraben hatte: da

* Annie Cohen-Solal *Sartre*, Reinbek 1991.

sie die Ehe nie akzeptiert hatte, sah Sartre sich gezwungen, eine Tochter zu adoptieren.

Dann kam der Philosoph ins Krankenhaus, das er nicht wieder lebend verlassen sollte. Am 15. April 1980 starb er. Simone de Beauvoir berichtet auf ihre nüchterne Art über diese alptraumhaften Tage. Dagegen berichtet sie nicht, daß Arlette und Benny Lévy Sartres Wohnung sofort, noch bevor er gestorben war, verschlossen und Castor daran hinderten, dorthin zurückzukehren, um ihre persönlichen Gegenstände an sich zu nehmen. Wenige Tage später ließen sie alles, was sich in Sartres Wohnung befunden hatte, an einen unbekannten Ort transportieren, ohne Simone de Beauvoir auch nur das mindeste Erinnerungsstück zuzugestehen. Als sie mir von diesem unglaublich verbissenen Akt erzählte, empfand ich den Haß gegen sie, der sich darin äußerte, so stark, daß ich bebte.* Im Grunde unterschied sich dieser Tod, dieser Erbfall, nicht sehr von dem, was in bourgeoisen Kreisen täglich geschieht. Es war lachhaft und trist. Castor ertrug dieses Schurkenstück scheinbar gelassen. Erstaunt fragte ich: «Dann bist du also jetzt Fatalistin und Stoikerin?» Sie erwiderte, daß man nicht ändern kann, was zu akzeptieren man verpflichtet ist. Ich hatte das Gefühl, daß in ihren Augen nun, da Sartre tot war, alles übrige seine Bedeutung verloren hatte; der Tod hatte ihre Wertordnung auf den Kopf gestellt. Aber ich sollte sehr bald Anlaß finden, diesen Eindruck zu revidieren.

Tatsächlich ereignete sich gegen Ende 1979 oder Anfang 1980 etwas, was deutlich das Trio betraf und mir zeigte, daß Castor

* Ich gebe diese Vorfälle so wieder, wie Simone de Beauvoir mir davon erzählt hat. Es ist möglich, daß aufgrund der heftigen Spannungen zwischen Benny Lévy und Arlette einerseits und Castor andererseits die jeweiligen Ansichten von dieser schwerwiegenden Meinungsverschiedenheit nicht übereinstimmen.

sich ihre Reaktionskraft und Aggressivität voll bewahrt hatte. In den letzten Lebensmonaten Sartres beschloß sie, neben den Problemen, die Arlette Elkaïm und Benny Lévy ihr bereiteten, und trotz Arlettes Widerstand dagegen eine Sammlung von Briefen zu veröffentlichen, die ihr Sartre im Laufe seines Lebens gesandt hatte. Dies war ein Weg, ein für allemal – und in dem Moment, wo man sie kritisierte und zu vertreiben versuchte – die beträchtliche Bedeutung zu markieren, die sie im Leben des «kleinen Mannes» besessen hatte. Warum sie auch Briefe an andere Frauen daruntermischen wollte, weiß ich nicht sicher. Besonders seltsam wird es dadurch, daß diese – wenigen – Briefe, verstreut zwischen denen angeordnet wurden, die er sein ganzes Leben hindurch an Castor schrieb, wann immer sie getrennt waren. Meine Vermutung lautet, daß sie eine Art von Gedenktafel für die Vielfalt von Sartres Beziehungen zu Frauen errichten wollte, um sich nicht als «die einzige und einzigartige» darzustellen, die sie ja auch wirklich nicht gewesen war. In ihrer Beauvoir-Biographie schreibt Deirdre Bair: «Beauvoir fragte Olga, ob sie die Briefe, die Sartre ihr geschrieben hatte, abdrucken könne; Olga untersagte es ihr. Sie solle sich an den Gedanken gewöhnen, erwiderte ihr Simone de Beauvoir, denn sie werde sie in jedem Fall publizieren; und sie riet Olga auch, ihre Schwester Wanda zu warnen, weil sie beide vielleicht über gewisse sie betreffende Bemerkungen Sartres verstimmt sein würden; Olga war verbittert . . . Beauvoir ignorierte die Warnung munter und veröffentlichte die Briefe.»*

* Deirdre Bair *Simone de Beauvoir*, München 1992, S. 755. Tatsächlich enthält die Sammlung außer Briefen an Simone Jolivet, genannt Toulouse, und einigen Briefen an mich nur *einen einzigen* langen Brief (16 Seiten) an Olga, in dem Sartre Neapel schildert. Also hat Deirdre Bair den Zwischenfall, in dem es um Olgas Briefe geht, entweder erfunden; oder, wahrscheinlicher, Castor nahm davon Abstand, die Briefe an Olga und ihre Schwester Wanda zu publizieren.

Ich meinerseits wußte nichts von den Projekten, mit denen sie sich beschäftigte, aber eines Tages verlangte Castor mit sichtlichem Unbehagen von mir folgendes: «Es gibt da etwas, was ich dich fragen will – ganz zufällig habe ich eine Reihe von Briefen gefunden, die Sartre dir kurz vor dem Krieg geschrieben hat. Ich würde diese Briefe gern gleichzeitig mit denen an mich publizieren. Wärst du damit einverstanden?» Ich war darüber völlig verblüfft, weil ich meinte, ich hätte *sämtliche* Briefe Sartres 1942 im Heizungskessel der Simonnets verbrannt. Ich fragte sie, woher sie die Briefe denn habe. Sie wußte nicht, was sie antworten sollte. Schließlich stotterte sie, sie hätte sie beim Aufräumen entdeckt. Später erklärte sie auf Deirdre Bairs Fragen hin erregt: «Ich habe sie nicht stibitzt, sie sind einfach auf diese oder jene Weise in meinen Besitz gekommen. Toulouse* zum Beispiel: Als sie starb, wurden mir die Briefe an meine Adresse gesandt, und da er schon blind war, kam ich nicht auf die Idee, sie ihm zu übergeben. Als er die Briefe von D. B.** erhielt, gab er sie mir zu lesen, und ich habe nie daran gedacht, sie ihm zurückzubringen. Das ist alles. Sinnlos, dahinter Intrigen zu wittern.»***

Castor log wie gedruckt, aber sie log schlecht. Intrigen gab es sehr wohl und Verstöße gegen die Logik dazu: Es handelte sich nicht um Briefe *von mir* an Sartre, sondern um solche *von ihm* an mich, die sich in *meinem* Besitz hätten befinden müssen. Ohne Zweifel habe ich Castor diese Briefe geliehen, damit sie davon Kenntnis nehmen konnte, wahrscheinlich im Herbst 1939, und die einzige Erklärung für dieses Rätsel ist, daß sie

* Toulouse ist die erste Empfängerin von Sartre-Briefen in der Sammlung. Nach vielen Schwierigkeiten, vor allem wegen des Widerstands von Arlette Elkaïm, erschienen 1983 bei Gallimard in zwei Bänden *Lettres au Castor et à quelques autres.*

** Wie bereits erläutert, bin «D. B.» ich.

*** Deirdre Bair *Simone de Beauvoir*, München 1992, S. 755.

«vergaß», sie mir zurückzugeben, und ich es unterließ, sie zurückzufordern. Das bedeutet, daß sie sie vierzig Jahre hindurch sorgsam beiseite gelegt hatte, um sie endlich hervorzuholen, als es ihr paßte. Diese Briefe kamen ihr desto kostbarer vor, als ich ihr gestanden hatte, daß ich in ikonoklastischer Wut sämtliche Schreiben Sartres verbrannt hatte. Ich war mir, als ich es sagte, nicht darüber im klaren gewesen, wie dieser Racheakt auf die Frau wirken würde, die jedem Zettel von der Hand des Genies, dem sie ihr Leben geweiht hatte, solchen Wert beimaß.* Als ich darüber später nachdachte, fiel mir eine historische Entsprechung ein, Gide und Madeleine: als Madeleine Gide begriff, was für eine Art von Mann sie geheiratet hatte, hatte auch sie all seine Briefe verbrannt. Und Gide hatte es ihr niemals verziehen!

Ich mußte Simone de Beauvoir jedoch auf ihre Bitte antworten; ich war verwirrt und zögerte. Um mich der heiklen Situation zu entziehen, verlangte ich jene Briefe noch einmal zu sehen. Ich ging mit in Castors Wohnung, setzte mich auf ihr Bett und begann zu lesen. Ich erkannte Sartres schöne, feine Schrift wieder, aber den Inhalt dieser Liebesbriefe hatte ich fast völlig vergessen. Diese verblichenen Blätter waren vierzig Jahre alt: nicht nur hatte ich keine Erinnerung mehr an die zärtlichen Worte, die er mir geschrieben hatte, sondern ich hatte diese ganze Phase meines Lebens so rigoros verdrängt, daß ich sie nicht mehr wiedererkannte. Es waren neunzehn Briefe. Der erste datierte von Anfang Juli 1939, als ich gerade operiert worden war und noch in der Klinik lag. Er begann mit «Meine liebe kleine Polackin, meine Liebste». Der letzte ist am

* Einmal, vielleicht in den sechziger Jahren, hat sie mir bekannt, sie sei jetzt von der Genialität Sartres überzeugt, und diese Überzeugung werde sie fortan davon abhalten, Druck auf ihn auszuüben – zum Beispiel, von ihm zu verlangen, daß er sich ausruhte oder daß er aufhörte, Maxiton zu kauen. Sie müsse Sartre auf seine Art leben lassen, um jeden Preis (für sie).

14. September 1939 geschrieben, einige Tage nach Kriegsbeginn und nach Abreise des Soldaten Sartre an die Front.

Ich sagte zu Castor, ich müsse ein paar Tage nachdenken, bevor ich eine Entscheidung fällen könnte. Ich war sehr verlegen. Einerseits weckte das mysteriöse Auftauchen von Sartres Episteln an mich mein Mißtrauen und zeigte mir, welche Heuchlerin Castor war. Vor allem aber hatte ich das stete Gefühl, ich müsse Stillschweigen über das wahren, was zwischen uns dreien geschehen war. Allgemeiner gesehen, bin ich der Meinung, daß affektive Beziehungen in der Intimsphäre verbleiben und nicht vor aller Augen ausgebreitet werden sollten. Womit bereits gesagt ist, wie unannehmbar mir die Publikation jener Briefe erschien.

Andererseits wußte ich, daß Castor eine entsetzliche Lebensphase an der Seite Sartres durchmachte, der fast blind war und an der Schwelle zum Tod stand. Ich konnte mir leicht vorstellen, daß Castors Schmerz so groß war wie Sartres Mut.

Unter diesen Umständen fiel es mir schwer, ihr die Publikation der Briefe von 1939 zu verweigern, wenn sie den Wunsch danach hatte. Schließlich gab ich ihr meine Zustimmung unter der ausdrücklichen Bedingung, daß mein Name durch ein Pseudonym ersetzt und alles getilgt würde, was erlaubte, mich zu identifizieren.

Simone de Beauvoir wirkte erleichtert und überaus dankbar. Sie erklärte, wenn ihre Arbeit getan sei, werde sie mir die Originale, die nur mir gehörten, zurückgeben; bei dieser Gelegenheit informierte sie mich auch darüber, daß ich damit machen könnte, was mir richtig erschiene: sie aufbewahren, der Nationalbibliothek vermachen oder sie bei einer Auktion verkaufen – was mir Horizonte eröffnete, an die ich nie gedacht hätte. Lange Zeit sprachen wir nicht mehr darüber; aus Diskretion fragte ich nie, wie sie mit ihrer Arbeit vorankomme oder welches Pseudonym sie gewählt habe. Dann brachte sie mir 1983 eines Tages *Lettres au Castor et à quelques autres* fertig gedruckt mit. Kaum war ich daheim, suchte ich als erstes «meine» Briefe. Ich fand dreizehn von den neunzehn, die ich in der Hand gehabt hatte. Mein Name war durch *Louise Védrine* ersetzt. Ich war sehr perplex und nahm an, sie habe mich mit diesem ganz französischen Namen ausstaffiert, weil sie nach einem Tarnnamen gesucht hatte, der von meinem so verschieden wie möglich war. Zugleich stimmte da etwas nicht, ein solcher Name paßte nicht zu «Meine kleine Polackin, meine Liebste» im ersten Brief, den Castor dann hätte fortlassen müssen. Er paßte auch nicht zu den starken Ängsten, die ich als Jüdin des bevorstehenden Krieges wegen empfunden hatte und die Sartre zu mildern suchte. Es gab also eine Dissonanz zwischen meiner Person und dem Pseudonym. Heute, da Castors Wert sich in meinen Augen verändert hat, möchte ich noch hinzufügen, daß sie, vielleicht unbewußt, meine jüdische Herkunft zu unterdrücken, zu tilgen wünschte, weil dies ihr zu viele Probleme bereitete; es hätte ihr eigentlich leichtfallen müssen, einen anderen, jüdisch klingenden Namen zu finden statt dieses Pseudonyms «Louise Védrine», das sich auf nichts reimt.

Ich verwünschte mich, weil ich nicht rechtzeitig auf einer Diskussion darüber bestanden hatte. Partiell war ich an dieser absurden Situation schuld. Und Castor, warum hatte sie mich nicht gefragt? Warum hatten wir nicht *zusammen* über ein Pseudonym nachgedacht? Nun war es zu spät, das Buch war gedruckt, und ich beschloß, ihr keine nutzlosen Vorwürfe zu machen. Ich begann, die Briefsammlung im Zusammenhang zu lesen; sehr bald hörte ich auf, zutiefst angewidert. Diese Art Sartres, sich zu ergießen, all seine Streiche bis ins intimste Detail zu schildern, als spräche er vor einem leicht voyeuristischen Beichtvater; diese Rolle, die Simone de Beauvoir ihm gegenüber spielte: Mutter, Schwester, der man sich anvertraut, nachsichtige oder scheltende Komplizin; die Schamlosigkeit dieser Vertraulichkeiten, vermischt mit unermüdlich wiederholten Liebesbekundungen ihr gegenüber, diese Litanei von «Mein zauberhafter Castor» bis zu «Ich liebe Sie, mein süßer kleiner Castor, ich habe solche Lust, Sie wiederzusehen . . . Ich umarme Sie ganz leidenschaftlich»! Von diesem melodramatischen Mischmasch aus Bettgeschichten und stereotypen erotischen Formeln wurde mir übel. So schockiert war ich, daß ich, als ich Castor wiedersah, platzte und ihr sagte, ich hätte sie nicht autorisiert, meine Briefe in den Band aufzunehmen, wenn ich gewußt hätte, welcher Ton darin vorherrschen würde. Wie könne denn eine solche Publikation, fragte ich sie, den Ruhm ihres Gefährten mehren? Sie errötete und setzte zu einer Erklärung an, deren Tenor ich längst kannte: Ein Schriftsteller, sagte sie, schuldet es seinem Publikum, sich als der zu zeigen, der er ist, selbst wenn es nicht zu seinem Vorteil gereicht. Ich weiß nicht, woher sie eine solche Auffassung vom Künstler hatte, eine Auffassung, die für mich monströs ist, in der sich aber deutlich das tiefste Motiv für ihre literarischen Ambitionen widerspiegelt: sich allen zu zeigen, sich nackt auszustellen. Ich dagegen weise es von mir, daß die Grenze zwischen dem privaten und dem öffentlichen Leben fehlen soll. Ich meine nicht, daß ein Schriftsteller, um Größe zu beweisen, unbedingt seine Bett- und Klosettgeheimnisse schildern oder uns sein Hinterteil zeigen muß. Um auf die Briefe zurückzukommen: Wenn ich auch notfalls einräumen konnte, daß so Sartres und Simone de Beauvoirs Beziehung in der Intimität ihres Privatlebens aussah, so konnte ich nicht zahm hinnehmen, daß man diese Mitteilungen der Öffentlichkeit auslieferte: sie waren nicht nur voyeuristisch, sondern auch exhibitionistisch und schamlos. Mit dem erschwerenden Umstand, daß *sie* beschlossen hatte, die Briefe Sartres zu publizieren, und nicht er selbst.

Das Buch war erschienen. Ich hatte nicht die Macht, daran etwas zu ändern. Simone de Beauvoir hatte versprochen, mir die Briefe Sartres zurückzugeben und gab sie mir nicht zurück. Beinahe drei Jahre hindurch, bis zu ihrem Tod im April 1986, erschien sie in den wechselnden Restaurants, in denen wir uns trafen, mit leeren Händen. Manchmal fragte ich: «Du hast mir die Sartre-Briefe nicht zurückgebracht?» Nein, sie hatte sie wieder einmal vergessen. Schließlich nahm ich an, sie werde sie mir nie zurückgeben. Bei unserem letzten Mittagessen, zu dem wir uns in einem Restaurant an der avenue de Neuilly, in der Nähe ihrer Wohnung, verabredet hatten, rief sie, als sie eintraf: «Ach! Jetzt hatte ich den Umschlag für dich vorbereitet und habe ihn doch wieder auf meinem Schreibtisch liegenlassen!» Das nennt man in der Psychoanalyse eine nette Fehlleistung. Zwei Wochen darauf starb Simone de Beauvoir.

Sylvie Le Bon teilte es mir telefonisch mit. Ich kam zur Beerdigung. Ich sah das leicht aufgedunsene, totenstarre Gesicht Castors noch einmal wieder. Ihr Kopf war mit einem schönen Turban geschmückt. Ihre Freunde, ihre Angehörigen versammelten sich traurig in dem Krankenhausraum neben jenem, wo ihr Leichnam ruhte. Dann setzte sich der Trauerzug in Bewegung. Ich war sehr müde; ich stieg in einen Bus. Vor mir schritten Lanzmann, Sylvie Le Bon, Pouillon und Bost Arm in Arm rasch vorwärts – eine Art von Schreittanz. Ich dachte, durch Bewegung versuchten sie, sich zu betäuben, Sylvie trunken zu machen, damit sie weniger leide, doch wenigstens dem Anschein nach hatte es auch etwas Freudiges, wie sie so gemeinsam liefen, und ich sagte mir, daß sie vielleicht erleichtert seien, ihre alte Freundin los zu sein, die zu schwer geworden, nicht mehr zu tragen war; daß diese Erleichterung sich mit ihrem Kummer mischte . . .

Ich ließ drei Monate verstreichen, dann bat ich Sylvie in einem Brief, sie möge mir die Briefe Sartres zurückgeben. Sie rief mich an und verabredete sich mit mir in Castors Wohnung. Ich war bewegt davon, wieder dort zu sein, in Abwesenheit der Frau, die in diesem Studio mit den herrlichen Proportionen und Lichtverhältnissen gelebt hatte. Ich erklärte Sylvie, daß ich nicht etwa darum darauf bestand, Sartres Briefe wieder an mich zu nehmen, weil ich besonders an ihnen hinge, sondern weil Castor mir versprochen hatte, sie mir wiederzugeben, nachdem das Buch abgeschlossen wäre, und ihr Versprechen nicht gehalten hatte. Zu der Zeit, als Simone de Beauvoir starb, glaubte ich noch an ihre Korrektheit und konnte nicht ruhig annehmen, daß sie ihr Wort gebrochen hatte. Ich fragte Sylvie, ob sie wisse, was der Grund für Castors Unwilligkeit gewesen war, mir die Briefe wiederzugeben. «Aber klar!» sagte Sylvie. «Sie hat befürchtet, Sie würden sie verbrennen.» Ich erstarrte, als ich von diesem evidenten psychologischen Fehler hörte. Wenn ich die Publikation dieser Texte hingenommen hatte, dann doch nicht, um sie anschließend zu verbrennen: das wäre absurd. Und zudem waren dreiundvierzig Jahre vergangen. Mein Ressentiment gegen Sartre war verblichen wie ein der Sonne ausgesetztes Stück Stoff. Es schien mir so offenkundig zu sein, daß ich nicht im Traum daran gedacht hätte, diese Zeugnisse der Vergangenheit zu vernichten.

Wenn ich mir die letzten Jahre meines Umgangs mit Simone de Beauvoir wieder ins Gedächtnis rufe, scheint mir, daß sich der Ton zwischen uns verändert hatte, gewiß, weil die Schicksalsprüfungen, die sie durchmachte, sie anders über ihr Leben und über unsere Freundschaft denken ließen. Manchmal stellte sie mir direkte Fragen – mit mehr Vertrauen und Spontaneität als früher. Zum Beispiel fragte sie mich eines Tages: «Du liebst ihn nicht, Sartre – oder?» Worauf ich antwortete, daß es für mich drei Sartres gebe: der erste war ein freundlicher, großzügiger, charmanter Mann; der zweite ein Philosoph und berühmter

Schriftsteller; der dritte war ein Flegel, und den hatte ich gekannt. Zu meinem großen Erstaunen schwieg Simone de Beauvoir für einen kurzen Augenblick nachdenklich, dann sagte sie leise: «Ja, es stimmt, daß Sartre gelegentlich flegelhaft sein kann.» Insgeheim fragte ich mich, ob sie in letzter Zeit einer besonders gepfefferten sartreschen Lümmelei zum Opfer gefallen war. Um ihr zu erläutern, was ich mit Flegelei meinte, erzählte ich ihr zum erstenmal in allen Einzelheiten von dem Tag, an dem die körperliche Beziehung zwischen ihrem Gefährten und mir begonnen hatte. Sie äußerte keinen Kommentar dazu.

Ein andermal stellte sie mir eine Frage, die mich sehr nah betraf: «Warum hast du letzten Endes nie etwas geschrieben?» Außer den philosophischen Fingerübungen und den rund fünfzig Seiten, die ich *Peinture et temps* hinzugefügt hatte, war ich tatsächlich nie imstande gewesen, irgendeinen literarischen Text hervorzubringen. Gelegentlich hatte ich versucht, eine Erzählung oder ein autobiographisches Fragment zu schreiben, brach den Versuch aber sofort wieder ab. Das quälte mich übrigens nicht sehr, denn ich fand, man könne sehr gut leben, ohne zu schreiben. Ich hatte als ausgezeichnete Philosophielehrerin gegolten, ich sprach mit großer Leichtigkeit, ich hatte meinen Beruf und den Kontakt mit jungen Leuten sehr geliebt. Man könne nicht zugleich gut reden und gut schreiben, sagte ich oft halb scherzhaft. Castor entgegnete ich, daß ich in Wahrheit eine geistige Invalide gewesen sei und mich immer als solche betrachtet hätte. Verblüfft über den Ausdruck, den ich benutzt hatte, seufzte sie: «Wir sind ganz schön leichtfertig gewesen, ganz schön leichtfertig!» Dies, kein Wort mehr, war ihre Bitte um Vergebung. Damit mußte ich mich begnügen.

Doch ich hatte ihr nicht die ganze Wahrheit sagen wollen. Sonst hätte ich noch hinzugefügt: Nachdem ich berühmte Schriftsteller aus der Nähe gekannt hatte, deren Leben vom

Projekt des Schreibens und von einem Ehrgeiz beherrscht war, der jede andere Überlegung erdrückte, und nachdem ich erlitten hatte, was sie mir angetan hatten, kam mir der Akt des Schreibens wie etwas Negatives, sogar Abstoßendes vor. Wenn Schriftsteller zu sein dazu führte, daß man um der Karriere willen nahe Menschen verletzen und verhöhnen konnte, dann hatte es vollauf genügt, daß Sartre und Simone de Beauvoir Schriftsteller waren – eben darum hütete ich mich davor. Nun da sie tot ist, kann ich diesen harten Gedanken aussprechen, er wird sie nicht mehr verletzen.

Meinen Bericht möchte ich mit dem Versuch beschließen, die verborgenen Triebfedern dieser Geschichte zwischen Simone de Beauvoir, Sartre und mir zu erklären. Erneut betone ich das Alter, das jeder von uns hatte: als ich Castor kennenlernte, war sie dreißig, ich sechzehn Jahre alt. Mit Sartre wurde ich im Jahr darauf bekannt; er war vierunddreißig, ich siebzehn. Dieser Altersabstand hat eine wichtige Rolle in unserem Verhältnis gespielt, denn er verlieh ihnen klar Überlegenheit – zusätzlich zu ihrer Bildung und brillanten Intelligenz. Sie sahen in mir ein kleines Mädchen, das man bilden mußte und mit dem man spielen konnte; ich sah in ihnen Mentoren und Vorbilder.

Sie hätten jedoch meine Eltern sein können. Sie befanden sich zwischen zwei Altersgruppen – besaßen genügend Autorität, um behaupten zu können, sie leiteten mich an und erzögen mich, waren mir im Alter aber noch nahe genug, um meine Freunde zu werden. Persönlich hatte ich nie daran gedacht, in ihnen Pseudo-Eltern zu sehen, aber mein Analytiker, Jacques Lacan, hat mir gezeigt, daß der Rest von ungelöstem Konflikt, der mich peinigte, daher kam, daß sie eben diese Rolle in meinem Leben gespielt hatten, als hätte ich unbewußt meinen leiblichen Vater und meine leibliche Mutter zurückgewiesen, um sie durch neue, fast mythische Eltern zu ersetzen.

Als Intellektuelle besaßen sie Prestige, sie lehrten Philosophie, hatten den Ehrgeiz, Schriftsteller zu werden, waren es bereits. Nachdem ich die Mühlsteine der Vorurteile, die das sexuelle Leben zügeln, und die Moralvorstellungen, die üblicherweise die menschlichen Beziehungen regeln, abgeworfen hatte, war alles vorbereitet, und ich konnte Simone de Beauvoir und Sartre ins Netz gehen. Es gab in ihnen etwas von Nietzsches Immoralismus.

Erst als Sartre sich in die affektive Beziehung schob, die ich mit Simone de Beauvoir hatte, entwickelte sich das Drama. Nun entstand zwischen uns eine Dreieckskonstellation, die den dritten Partner sozusagen gefangenhielt. Ein Paar bildet eine zerbrechliche Gestalt, in die ein Eindringling sich einschleichen kann; ein Dreieck jedoch ist eine geschlossene Gestalt, die sich selbst genügt: nichts kann den geometrischen Raum, den es erzeugt, durchbrechen. Erst als Sartre hinzukam, verlor ich wirklich den Kopf und meinte, diese Konfiguration meiner Leidenschaft könne ewig am Leben bleiben. Wäre ich Castor gegenüber allein geblieben, hätten sich meine Gefühle für sie ganz natürlich auf eine friedliche Freundschaft hin entwickelt, davon bin ich überzeugt. Schließlich gibt es viele junge Mädchen, die sich in ihre Lehrerin verlieben. Das ist ein wiederkehrendes Thema in der Literatur, eine häufige Empfindung im Leben.

Das Besondere an meinem Fall, wie auch Lacan ihn mir erklärt hat, bestand darin, daß jene Konstellation das enge familiäre Dreieck wiederherstellte, das klassische Dreieck. Ich war in einer raren psychologischen Konfiguration gefangen: nicht nur hatte ich mir, wie alle Menschen, in meiner frühesten Kindheit körperliche Beziehungen zu meinen Eltern gewünscht, sondern diesmal war der Wunsch wirklich in Erfüllung gegangen. Ich war in Sartre verliebt gewesen; auf ihn hatten sich die gewöhnlich dem Vater geltenden Triebregungen übertragen. Gewöhnlich kann das Kind davon nur träumen, während ich in unserer Geschichte wirklich eine sexuelle Beziehung zu ihm hatte. Darin verbarg sich eine schwere Verfehlung, verbunden mit einer starken Identifikation mit der Person Castors: wie bei allen kleinen Mädchen beruhte auf dieser Identifikation mit der Muttergestalt mein Verlangen, sie als Objekt der Liebe von Sartre-als-dem-Vater zu ersetzen. Gleichzeitig fand aber auch die Liebe, die ich für Castor – wie für eine Mutter – empfand, körperlichen Ausdruck, was völlig ungewöhnlich ist und die allerfrüheste Kindheit wiederaufsteigen läßt, die sinnliche Urbindung eines kleinen Kindes an seine Mutter. Diese doppelte affektive Sättigung hat sich mir tief und bleibend eingeprägt. Daher brach ich völlig zusammen, als diese Konstruktion sich auflöste. Mein Gleichgewicht geriet ins Wanken. Ich brauchte sehr viel Zeit, die Hilfe der Psychoanalyse, die Liebe Bernards und meiner Kinder sowie, wenn ich so sagen darf, ein letztlich solides psychisches Fundament, um diesen Zusammenbruch doch überleben zu können.

Unter dieser psychoanalytischen Beleuchtung erkennt man besser, warum ich nie ausreichend auf Distanz zu Castor gehen konnte; warum ich nach dem Krieg, obwohl ich mir mein Leben doch auf anderer Grundlage neu errichtet hatte, wieder auf sie zugegangen bin. So erklärt sich auch, was mich immer gehindert hat, ihre Empfindungen für mich zu verstehen: ich idealisierte sie. Dieses Idealbild, das sich sehr früh herausgebildet hatte, hinderte mich daran, alle Facetten ihrer Persönlichkeit zu erfassen, die Hinweise auf ihre Heuchelei zu deuten. Es erklärt auch meine offensichtliche Naivität: sie rührt von jener machtvollen Idealisierung her, jedoch auch von meiner anspruchsvollen Vorstellung von Freundschaft und Liebe. Es bedurfte der Verbreitung ihrer Schriften im Jahr 1990, damit die krude Wahrheit mich überrumpeln konnte.

Erst in Reaktion auf die schändlichen Dinge in jenen Briefen habe ich – aus Stolz – beschlossen, zur Entgegnung meine Geschichte, so wie ich sie erlebt habe, zu erzählen. Wären jene Texte nicht erschienen, hätte ich niemals auch nur erwogen, das Vergangene zu beschreiben oder zu analysieren, viel weniger noch, diesen Bericht zu publizieren. Mein Abenteuer als junges Mädchen wäre in meiner Seele verschlossen geblieben, dann aus jeglicher Erinnerung geschwunden, und so wäre alles gut gewesen.

Um diese Heraufbeschwörung von Vergangenem zu beenden, möchte ich noch erzählen, daß Simone de Beauvoir mir eines Tages gegen Ende ihres Lebens eine letzte Frage stellte: «Wie denkst du, wenn du Bilanz ziehst, über unsere Freundschaft, über unsere ganze Geschichte?» Ich dachte einen Moment nach und antwortete dann: «Wahr ist, daß ihr mir viel angetan habt, daß ich sehr unter euch gelitten habe, daß mein geistiges Gleichgewicht um ein Haar kaputtgegangen wäre, daß mein ganzes Leben davon vergiftet wurde, aber es ist nicht weniger wahr, daß ich ohne euch nicht das geworden wäre, was ich bin. Zunächst habt ihr mir die Philosophie geschenkt und auch eine viel größere Weltoffenheit, die ich aus mir selbst heraus zweifellos nicht gefunden hätte. Somit hält sich das Gute und das Schlechte die Waage.»

Ich hatte spontan und aufrichtig gesprochen. Simone de Beauvoir drückte mir bewegt, mit Tränen in den Augen, die Hände. Eine große Last war endlich von ihren Schultern und von ihrem Gewissen gefallen.

Doch als ich vier Jahre nach ihrem Tod *Lettres à Sartre* und *Kriegstagebuch* las, als ich beschlossen hatte, meine Version der Tatsachen niederzuschreiben, und noch einmal über meine Äußerung nachdachte, da wurde mir bewußt, daß ich bei meiner Antwort noch von jenem Dunst umhüllt gewesen war, der meinen Verstand immer umgeben hatte und in dem doch nur eine verstümmelte Wahrheit stecken konnte. Ohne Zweifel hatte auch Simone de Beauvoirs Tod mich befreit. Von jenseits der Todesschwelle hatte sie mir eine letzte Botschaft gesandt: ich hatte die Gestalt ihrer Wahrheit und die Wahrheit über unser altes Verhältnis voll ins Gesicht geschleudert bekommen. Endlich waren mir die Augen aufgegangen. Letzten Endes haben Sartre und Simone de Beauvoir mir nur schlechtgetan.

Romane

Marie Cardinal
Die Irlandreise *Roman einer Ehe*
(neue frau 4806)
Ein Paar macht Urlaub in Irland. Ein grausiger Fund am Strand führt beide auf die Spur zu sich selbst. Plötzlich lautet die Frage: Wer sind wir?
Schattenmund *Roman einer Analyse*
(neue frau 4333)
Der Schlüssel liegt unter der Matte *Roman*
(neue frau 4557)

Margaret Drabble
Die Begierde nach Wissen *Roman*
(neue frau 12763)
Die Soziologin Alix ist unterwegs zu ihrem Mörder. Liz, ihre Freundin, wird plötzlich mit Liebesaffären ihrer spießigen Schwester konfrontiert, und die Kunsthistorikerin Esther trifft auf einen nicht allzu heterosexuellen Staatssekretär. Margaret Drabble führt uns die achtziger Jahre an drei skurrilen Londoner Frauenschicksalen vor.
Die Tore aus Elfenbein *Roman*
(neue frau 13221)

Monique LaRue
Tanz der Doubletten *Roman*
(neue frau 13076)
Ein turbulenter Roman über die grotesken Folgen technischer Triumphe.

Victoria Thérame
Paris erobern *Roman*
(neue frau 12892)
Eine freche, sensible Erzählung aus dem erst neulich vergangenen Zeitalter der Sinnlichkeit.

rororo neue frau

Marina Warner
Der verlorene Vater *Roman*
(neue frau 12762)
Eine von liebevoller Aufmerksamkeit und vitaler Erkenntnislust durchströmte Familiensaga aus dem ärmsten italienischen Süden.

Andrea Wolfmayr
Spielräume *Roman*
(neue frau 5335)

Sandra Young
Ein Rattenloch ist kein Vogelnest *Eine Jugend in den Slums von Baltimore*
(neue frau 5188)

rororo neue frau wird herausgegeben von Angela Praesent und Gisela Krahl. Ein Gesamtverzeichnis der Reihe neue frau finden Sie in der *Rowohlt Revue*. Jedes Vierteljahr neu. Kostenlos. In Ihrer Buchhandlung.

Romane und Erzählungen

Simone de Beauvoir
Marcelle, Chantal, Lisa... *Ein Roman in Erzählungen*
(neue frau 4755)
Ihr «Gesellenstück» nannte Simone de Beauvoir ihren Roman über fünf Töchter aus gutem Hause – ihr erstes erzählerisches Werk, das sie jahrzehntelang unveröffentlicht aufbewahrte.

Toni Bentley
Tanzen ist beinahe alles *Selbstporträt einer Tänzerin des New York City Ballet*
(neue frau 5177)

Renate Dorrestein
Die Mühlen der Liebe
(neue frau 13227)

Martha Gellhorn
Reisen mit mir und ihm *Berichte*
(neue frau 12628)
Packende Reportagen und sensible Erzählungen.
«Martha Gellhorn ist unfähig, einen langweiligen Satz zu schreiben.»
The Times
Paare, Paare *Erzählungen*
(neue frau 12511)
Das Wetter in Afrika *Ein Roman in Novellen*
(neue frau 12354)

Erika Pluhar
AusTagebüchern *Ausgewählt von Angela Praesent und Erika Pluhar*
(neue frau 4865)

Lidia Ravera
Der Lack ist ab *Erzählungen*
(neue frau 13327)
Mit viel Witz und Selbstironie beschreibt die Autorin in ihren Erzählungen die schankenden Stimmungen von verunsicherten Menschen um die vierzig.

3302/3b

rororo neue frau

Alice Walker
Die Farbe Lila *Roman*
(rororo neue frau 5427 und als gebundene Ausgabe)
Durch die Bluessängerin Shug entdeckt Celia, jahrelang mißhandelt, ihren eigenen Wert und ihre Kraft. Für ihren großartigen Roman erhielt Alice Walker den Pulitzer-Preis.
Im Tempel meines Herzens
Roman
(neue frau 13163 und als gebundene Ausgabe)
«Alice Walker ist eine der begabtesten Schriftstellerinnen auf dem amerikanischen Kontinent.»
Isabel Allende
Meridian *Roman*
(neue frau 13359 und als gebundene Ausgabe)

rororo neue frau wird herausgegeben von Angela Praesent und Gisela Krahl. Ein Gesamtverzeichnis der Reihe finden Sie in der *Rowohlt Revue.* Jedes Vierteljahr neu. Kostenlos. In Ihrer Buchhandlung.

Stories

Angela Carter (Hg.)
Füchsin, Dummerchen und Zauberin *Märchen aus aller Welt*
(neue frau 12889)

Anne Devlin
Die Reise nach Anderswo *Stories*
(neue frau 12475)
Die junge irische Autorin besitzt einen untrüglichen Blick für alltägliche Situationen, die unzählig andere blitzartig erleuchten. Ihren Geschichten muß man einfach zuhören.

Deborah Eisenberg
Reisen mit leichtem Gepäck *Stories*
(neue frau 12877)
In jähen Wendungen und geschliffenen Dialogen seziert Deborah Eisenberg das amerikanische Großstadtleben der achtziger Jahre. «Wann immer ein wirklich guter Schriftsteller in Erscheinung tritt, wird ein neues Fenster zum Leben geöffnet. Das ist hier geschehen.» *John Updike*

Gisela Krahl (Hg.)
Auf Zungenspitzen *Geschichten vom Einverleiben Anthologie*
(neue frau 13167)
Eine würzige Sammlung erotischer Geschichten und kulinarischer Krimis.
Auf dem Sprung *Geschichten vom Erobern*
(neue frau 13332)
Geschichten von beruflichen und privaten Karrieren. Vom Erklimmen der Leiter und vom tiefen Fall, von harten Ellenbogen und weichen Knien und vom Jagen und Wildern in Lustgärten.

rororo neue frau

Rosa Liksom
Schwarze Paradiese *Stories*
(neue frau 13025)
Verlorene Augenblicke *Stories*
(neue frau 13005)

Sindiwe Magona
An die Kinder meiner Kinder *Erzählung*
(neue frau 13027)

Ljudmila Petruschewskaja
Unsterbliche Liebe *Erzählungen*
(neue frau 13165)
Die Autorin zeigt in Ihren Geschichten das «andere Moskau», das inoffizielle Moskau in ihrer Nachbarschaft, in ihrer eigenen Wohnung, in sich selbst.

Marina Palej
Die Cabiria vom Umleitungskanal *Erzählungen aus Rußland*
(neue frau 13196)

rororo neue frau wird herausgegeben von Angela Praesent und Gisela Krahl. Ein Gesamtverzeichnis der Reihe *neue frau* finden Sie in der *Rowohlt Revue*. Jedes Vierteljahr neu. Kostenlos. In Ihrer Buchhandlung.

Frauen in der Dritten Welt

Hanan Al-Shaykh
Im Bann der High-Tech-Harems
Roman
(neue frau 12958)
Vier arabische Frauen im futuristischen Luxus einer Erdöl-Metropole träumen von Unabhängigkeit und der Flucht aus ihrem goldenen Käfig.

Celia Correas de Zapata (Hg.)
Samt und Rache *Südamerikanerinnen erzählen*
(neue frau 13086)

Tsitsi Dangarembga
Der Preis der Freiheit *Roman*
(neue frau 12956)
«Viele gute, von Männern geschriebene Romane sind in Afrika entstanden, aber wenige von schwarzen Frauen. Das ist der Roman, auf den wir gewartet haben.»
Doris Lessing

Veronica Doubleday
Die Kluge, die Bedrückte, die Unabhängige *Drei Frauen in Afghanistan*
(neue frau 12388)

Isabelle Eberhardt
Sandmeere 1 *Tagwerke. Im heißen Schatten des Islam*
(neue frau 5231)
Sandmeere 2 *Notizen von unterwegs. Vergessenssucher. Islamische Blätter*
(rororo neue frau 5232)
Isabelle Eberhardts Erzählungen, jüngst neu entdeckt, sind äußerst verdichtete Stimmungsbilder, erfüllt von glühender Farbigkeit und Sinnlichkeit.

Aicha Lemsine
Die Entpuppung *Ein Entwicklungsroman*
(neue frau 4402)

rororo neue frau

Sarah Lloyd
China erfahren Ein Reisebericht
(neue frau 12339)

Thi Hoai Pham
Die Kristallbotin Roman No. 1
(neue frau 13084)
Mit verblüffendem Witz und Weltoffenheit beäugt die junge vietnamesische Autorin die menschliche Komödie.

Ntozake Shange
Schwarze Schwestern *Roman*
(neue frau 5344)

Marjorie Shostak
Nisa erzählt *Das Leben einer Nomadenfrau in Afrika*
(neue frau 4978)

rororo neue frau wird herausgegeben von Angela Praesent und Gisela Krahl. Ein Gesamtverzeichnis der Reihe finden Sie in der *Rowohlt Revue*. Jedes Vierteljahr neu. Kostenlos. In Ihrer Buchhandlung.

3302/3c